34-15

Daniela Kuhn

ZWISCHEN STALL UND HOTEL

15 Lebensgeschichten aus
Sils im Engadin

Fotografien von Meinrad Schade

Limmat Verlag
Zürich

Für die Unterstützung dieses Buches danken Autorin und Verlag

Kulturförderung / SWISSLOS Kanton Graubünden
Volkart Stiftung Winterthur
Pro Fex
Familien-Vontobel-Stiftung
Oertli Stiftung
Stiftung Dr. M.O. Winterhalter
Willi Muntwyler-Stiftung St. Moritz
Fundaziun Biblioteca Engiadinaisa
Stiftung Stavros S. Niarchos
Ellen Ringier
Hotel Waldhaus, Sils-Maria
Hotel Margna, Sils-Baselgia
Graubündner Kantonalbank
Stiftung Dr. Valentin Malamoud
Engadiner Kraftwerke
Pro Raetia

Im Internet
› Informationen zu Autorinnen und Autoren
› Hinweise auf Veranstaltungen
› Links zu Rezensionen, Podcasts und Fernsehbeiträgen
› Schreiben Sie uns Ihre Meinung zu einem Buch
› Abonnieren Sie unsere Newsletter zu Veranstaltungen
und Neuerscheinungen
www.limmatverlag.ch

Das *wandelbare Verlagsjahreslogo* des Limmat Verlags auf
Seite 1 stammt aus dem Büchlein «So schreibt man …
Illustriertes Wörterbuch» aus dem Jahr 1962, herausgegeben
und illustriert von Rudolf Blöchlinger im Verlag Arbeits-
kreis für ganzheitliche Unterrichtsgestaltung, St.Gallen:
«Wird dir im *Meer* der Wörter bang, / dann frag von jetzt
an nicht *mehr* lang. / Benutz' dies Buch mit sicherm Griff:
/ So schreibt man *schief* und so das *Schiff!*» Die widergegebene
Zeichnung illustriert das Wort «Der Stil».

Karte auf Seite 6: Reproduziert mit Bewilligung von
swisstopo (BA110589)

Typographie und Umschlaggestaltung von Trix Krebs

3. Auflage 2012

© 2012 by Limmat Verlag, Zürich
ISBN 978-3-85791-654-0

Zeugen einer anderen Zeit	7
Hans Rominger	10
Rosa Giovanoli	22
Linard Godly	30
Adelina Kuhn	36
Attilio Bivetti	44
Fiorella Coretti	52
Gian Pol Godly	62
Tosca Nett	72
Oscar Felix	82
Rudolf Gilly	96
Maria Godly und Christina Godly	104/106
Ugo Bivetti	116
Ladina Kobler	126
Marco Fümm	134
Maria Dietrich und Urs Kienberger	144
Die Autorin und der Fotograf	158

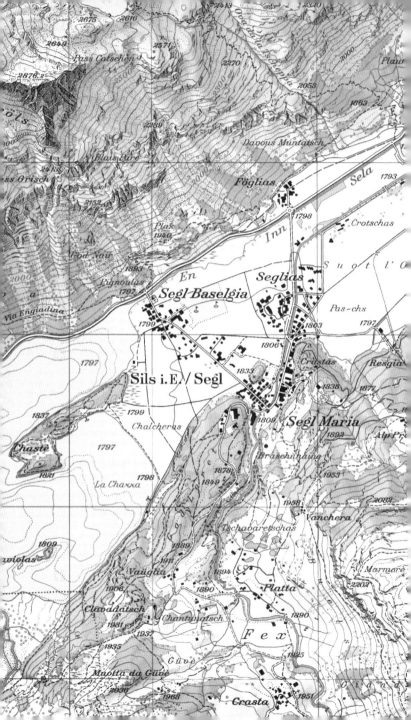

Zeugen einer anderen Zeit

Im Winter 1989 reiste ich erstmals ins Engadin, in ein Dorf namens Sils Maria. Wenn ich mich recht erinnere, war ich dem Namen des Ortes in einem Buch begegnet. Er klang verheissungsvoll.

Spektakulär waren Landschaft und Wetter. Bepackt mit Koffer und Langlaufski suchte ich ein Zimmer, was sich als schwierig erwies: Sämtliche Hotels waren belegt. Es war schon Nachmittag, als ich in Sils Baselgia eine Pension betrat, die Pensiun Chastè.

In der Gaststube setzte ich mich an einen langen Holztisch und bestellte bei einer zierlichen älteren Frau mit goldenen Creolen etwas zu essen. Sie sprach mit einem merkwürdigen Akzent, ein Zimmer war auch hier nicht zu haben. Eine weitere, resolute alte Dame gesellte sich hinzu. Nun sass man zu dritt am Tisch, die beiden Frauen sprachen in einer für mich fremden lateinischen Sprache. Wie ich später erfahren sollte, war die resolute Dame Annigna Godly, die Besitzerin des Hauses. Für die Naivität einer Zwanzigjährigen, im Februar ohne Reservation nach Sils zu reisen, hatte sie kein Verständnis, beinahe harsch meinte sie: «Gehen Sie nach Maloja, dort finden Sie vielleicht etwas.» Tatsächlich, im Nachbardorf, politisch gesehen im Bergell, fand sich zu später Stunde ein Zimmer.

Annigna Godly ist im Jahr darauf im Alter von 94 Jahren gestorben. Rachelina sollte ich noch oft begegnen, denn ich besuchte das Haus in den folgenden Jahren immer wieder. Ich lernte seine Zimmer kennen, manche

Stammgäste und auch die neuen Besitzer, Annignia Godlys Nichten und Neffen, die vier Geschwister Godly, die am Dorfplatz von Sils Maria unter einem Dach wohnen.

Am Nachmittag des Silvesters 2009, den ich in der Chastè verbrachte, meinte die Besitzerin des kleinen Ladens neben der Post, Linard Godly wisse viel über Sils, es sei *«ä Sünd»,* wenn er diese Erinnerungen eines Tages mit ins Grab nehme. Auf dem Heimweg in die Pensiun, es war schon dunkel, blickte ich über den See, Richtung Bergell, und fasste den Entschluss, dieser Sünde abzuhelfen.

Ich nahm mir vor, mit Linard Godly zu sprechen, aber auch mit anderen Menschen, die in Sils aufgewachsen sind. Mich interessierte, wie sich das Dorf im Laufe der Jahrzehnte gewandelt hat, was die alten Menschen über die bisherigen Entwicklungen denken – wer sie sind, die echten Silser.

Gian Pol Godly erklärte sich bereit, mir eine Liste mit Namen zusammenzustellen und zu schicken. Und bereits im Februar war ich wieder in Sils. Eine bezahlbare Wohnung für ein paar Wochen oder Monate war nicht zu finden. Aber bei Bea und Renato Giovanoli in Pila (Maloja) hatte ich das Glück, ein dreihundert Jahre altes kleines Haus zu bewohnen, Räume aus vergangenen Zeiten, die zu den Erzählungen meiner Gesprächspartner passten.

Getroffen habe ich die Silserinnen und Silser bei ihnen zuhause oder in ihrer Gaststube. Den Blick aus dem dazugehörigen Fenster hat der Fotograf Meinrad Schade später festgehalten.

Mit jeder Begegnung kam ein weiteres Stück Dorfgeschichte dazu. Ich realisierte immer mehr, wie arm die Menschen in dieser Gegend vor wenigen Jahrzehnten noch waren, wie neu das Phänomen des materiellen Wohlstands ist. Ich begann ein gewisses Verständnis dafür zu entwickeln, dass viele Einheimische vom Tourismus und Immobilienmarkt profitieren wollen. Zugleich stellte sich immer mehr die Frage, ob es Grenzen gibt oder geben sollte, beim ständigen, sogenannten Fortschritt.

In der Zwischensaison lernte ich auch die harte Seite des Paradieses kennen. Wenn kein einziges Restaurant mehr geöffnet ist und sich nur die wenigen, dagebliebenen Einheimischen begegnen. Wenn man im nassen Schnee bis über die Knie einsinkt und zu Fuss nur noch die Hauptstrasse bleibt. Wenn es schneit und schneit und die Zürcher Freunde am Telefon von blühenden Osterglocken berichten.

Bewusst wurde mir auch die dörfliche Enge. Manche meiner Gesprächspartner strichen im Text, den ich ihnen vorlegte, «heikle Stellen» wieder. Unkonventionelle Meinungen sind in der Dorfgemeinschaft nicht selbstverständlich, und das mit gutem Grund.

Ich schätze mich glücklich, dass ich die letzten Frauen und Männer in Sils treffen durfte, die den grossen Wandel des Bergdorfs miterlebt haben. Die sich noch daran erinnern, wie hart das Leben früher war. Die mitunter aber auch feststellen, welchen Tribut das Dorf für Wohlstand und Reichtum bezahlt.

Noch steht er in der Gaststube der Pensiun Chastè, der lange Holztisch, an dem ich mit Annigna Godly und Rachelina sass. Noch hat das Dorf, vor allem Sils Baselgia, seinen Charakter bewahrt. Noch immer und zu Recht klingt der Name Sils Maria verheissungsvoll.

Daniela Kuhn
Zürich, im November 2011

Hans Rominger
Wir sind doch ein Bergdorf

Hans Romingers Haus steht an der Dorfstrasse, zwischen dem ehemaligen Café Schulze und dem Anwesen einer Zürcher Millionenerbin. Zur stattlichen Fassade des Patrizierhauses gehört ein in die Jahre gekommenes orangefarbenes Schild mit der Aufschrift «Ferienwohnungen und Zimmer mit Kochgelegenheit» und ein handschriftlicher Hinweis im Fenster: «Zu verkaufen: Gedrechselte Holzteller». Von der Eingangshalle, bestückt mit Geweihen von Hirsch, Reh, Gemse und Steinbock, führt eine Türe aus hundertfünfzigjährigem Nussholz in die Wohnung des Hausherrn. Sein Namensschild besteht aus rotem Kreuzstich auf hellem Stoff.

Hans Rominger ist im Februar 2010 mit seinen bald 95 Jahren der älteste Silser. Er hoffe, hatte er am Telefon gesagt, sein Beitrag werde kein «Loch im Wasser». *«Üna foura aint ill'ova»* heisst auf Romanisch sinngemäss: ein Leerlauf.

Hans Rominger spricht langsam. Bevor er auf Fragen antwortet, hält er inne und zieht den Mund zusammen. Er nimmt sich Zeit zu überlegen. Übersetzt er ins Romanische? Seine Erzählung beginnt mit seinem Grossvater Andrea Rominger, dem Mann mit dem dunklen Bart und den blauen Augen, wie ihn der Silser Maler Andrea Robbi porträtiert hat. Das Bild hängt in der Wohnung des Enkels.

«Mein Grossvater, Andrea Rominger, ist aus Nürnberg nach Sils Maria eingewandert und früh gestorben. In der Chesa Marchetta, dem früheren Laden am Dorfplatz, hat er meine Grossmutter kennengelernt. Maria Coretti stammte aus Soglio. Sie hatte den Laden schon vor der Heirat gemietet. Nach dem Tod ihres Mannes kaufte sie in Crasta einen Bauernhof mit Heustall und eröffnete darin ein Restaurant und eine Kegelbahn. Crasta zählte damals wenige Häuser. Die beiden hatten zwei Kinder: eine Tochter und meinen Vater Rudolf.

Auch er lernte seine Frau in der «Marchetta» kennen. Wilhelmine Mangold, eine junge Churerin, die den Laden führte. Nach der Heirat zogen die beiden nach Crasta. Meine Mutter brachte dort zwölf Kinder zur Welt, von denen drei in jungen Jahren starben. Im März 1915 war ich das vierte Kind.

Mein Vater führte eine Kutscherei und baute neben dem Haus Sand ab, den er mit dem Pferdefuhrwerk ins Hotel Waldhaus hinunterbrachte, weil dort viel gebaut wurde. Manchmal gab es auch lange Fahrten: Er holte Gäste in Mailand, Zürich und Basel ab oder brachte eine Familie nach München zurück. So eine Reise dauerte dann mehrere Tage. Die meisten Touristen blieben etwa einen Monat in St. Moritz oder Sils.

Im Winter wurde unsere Stube von der Küche aus mit einem gemauerten Ofen geheizt. Daneben lagen drei kleine Zimmer und unten zwei Schlafzimmer zur Nordseite. Der Eingang war so gross, dass ein Heuwagen durch das Haus zum Heustall fahren konnte.

Im Frühling, wenn der Schnee *fuul* wurde, stellte mein Vater den Kutscherbetrieb für einige Wochen ein. Die Strasse musste er von Hand ausschaufeln, mit der Zeit war der Schnee flach gedrückt.

Um zu überleben, war jeder Fexer Bauer. Wir hatten Geissen, Kühe und Schafe. Milch, Butter, Fleisch und Käse produzierten wir selber, und meine Mutter backte das Brot im Ofen. Nur Kartoffeln und Mais kaufte sie. Oft gab es Polenta. Im Sommer, wenn wir Kinder mit den Erwachsenen um fünf Uhr morgens zum Mähen gingen, gab es Polenta mit Rahm (*gramma*). Die Mutter kochte die Wäsche auf dem Herd und wusch sie am Brunnen aus. Oft stand sie um zehn Uhr abends noch dort und wusch

die Wäsche der Villenbesitzer, die etwas weiter unten im Tal wohnten.

Die Touristen waren reich. Sie kamen aus verschiedenen europäischen Ländern, insbesondere aus England, aber auch aus der Schweiz. Sils und das Fex waren beliebte Ausflugsziele. Täglich fuhr mein Vater bis zu fünfzig Schlitten von Sils nach Crasta. Zuerst nahmen die Herrschaften dort im Hotel Sonne das Mittagessen ein, dann fuhren sie auf kurzen Ski von Güvè ins Dorf hinunter. Danach nahmen sie bei Schulze einen Zvieri. Schulze wurde damals von der St. Moritzer Konditorei Hanselmann geführt.

Mit vier oder fünf Jahren lernte ich Skifahren. Ganz spielerisch, meine Vorbilder waren meine älteren Brüder Ruedi, Emil und André. Im Winter fuhren wir mit den Ski zur Schule. Wir waren 22 Kinder aus dem Fex. Als das Hotel Waldhaus 1924/25 den Winterbetrieb einführte, sahen wir erstmals skifahrende Frauen mit Hosen und Skiausrüstung. Vorher hatte es nur Röcke und Seidenstrümpfe gegeben. Danach fuhren die Mädchen nicht nur mit Hosen Ski, sondern sie gingen damit auch zur Schule.

Als ich etwa vierzehn war, hiess es, eine Frau habe sich beim Skifahren auf dem Muott'Ota etwas gebrochen. Zusammen mit dem Nachbarsbub zog ich den Schlitten den Berg hoch. Wir fanden die deutsche Frau, verbanden ihr Bein und fixierten sie auf dem Schlitten, Kopf in Richtung Tal. Der Schlitten lag zwischen uns, verbunden mit einem Seil. Der eine zog, der andere hielt fest. Plötzlich glitt der Schlitten talwärts, und als ein Baum in die Quere kam, entglitt uns das Seil. Ich sehe noch heute, wie der Schlitten mitten im Wald auf einen riesigen Stein zurast, auf dem dicker Schnee liegt. Er überschlug sich und landete weit dahinter. Wir zitterten und trauten uns kaum, hinzugehen. Irgendwie wagten wir es dann doch – und die Erleichterung war gross. Wissen Sie, was die Frau zu uns sagte? ‹Zum Glück sind wir etwas weitergekommen.› Sie war weich im Schnee gelandet. *Me mues Glück ha.*»

Hans Rominger lacht. Seine blauen Augen funkeln hinter der Brille mit dem Schalk eines Spitzbuben. Sein Humor ist ungebrochen. Als ich das Aufnahmegerät vor ihn hinstelle, fragt er: «*Dänn söll i schwige?*» Oder wenn er sagt, das Hochjagdpatent habe er «*nur 62 Mal gelöst*».

Im letzten Sommer ist der 94-Jährige über eine kleine Mauer gestürzt, als er oberhalb seiner Obstwiese in Poschiavo mit einer Sichel den verwilderten Weg ausbesserte. Seither ist er weniger mobil, aber noch immer selbstständig.

Jeden Nachmittag füttert er hinter dem Haus seine sieben Hühner mit den Resten aus der Küche. Der Stall liegt unmittelbar neben der geheizten Garage, sodass die Hühner auch an einem Tag wie heute, an dem das Thermometer neun Grad minus zeigt, nicht frieren. Mit kleinen Schritten macht Hans Rominger den Gang ums Haus. Die Tiere freuen ihn: «*Es git e kli Lebe.*» Hinter dem Haus sind die Glöckchen der Pferdekutschen ins Fextal zu hören, der Blick schweift hoch zum Hotel Waldhaus. Den Stammgästen, denen Hans Rominger an der Haustüre begegnet, schenkt er die eben geholten Eier.

Eine Nachbarin, die das Jahr über die meiste Zeit im Unterland lebt, hat ihm die Hühner verbieten wollen. «*Mir sind doch es Bergdorf!*» Hans Rominger ereifert sich. Der Anwalt, der für die Nachbarin tätig war, erfuhr auf der Gemeinde, dass sich die Tiere auf dem eigenen Grund nicht verbieten lassen.

«Der Corvatsch hat jeden Abend eine andere Farbe», sagt Hans Rominger. Er sieht den Berg von seiner Stube aus. Den Tisch, an dem wir uns unterhalten, hat er selber gemacht: Wildkastanie aus dem Bergell. Wer hier einen halben Tag lang sitzt, weiss mehr oder weniger, wer sich in Sils aufhält. Zu sehen sind nicht nur Passanten auf Augenhöhe, sondern auch die Kirche, das Altersheim und der alte Brunnen davor. Bis in die Sechzigerjahre wurden die Kühe jeden Abend hierher zur Tränke geführt. Der grosse Flachbildschirm hat in der Arvenholzstube einen prominenten Platz. Sportsendungen schaut Hans Rominger am liebsten. Aber die Abende sind kurz geworden: Nach der Tagesschau geht er ins Bett.

Früher war im Nebenhaus tagsüber immer Betrieb. Das Café Schulze war bis 2007 der beliebteste Treffpunkt des Dorfes. Als die Hausbesitzerin mit fast neunzig Jahren verstarb, kaufte sich deren Tochter in St. Moritz eine Wohnung und verkaufte das Haus an einen Unterländer, der es für über zehn Millionen Franken renovieren liess. Die Bäckerei Grond, die das Café seit Jahren führte, fand auf der anderen Strassenseite neue, gesichtslose Räumlichkeiten. Über dem Eingang steht nun in Goldbuchstaben nicht mehr «Conditorei Schulze», sondern «Botton d'Oro». Einheimische erzählen, eine 210 Quadratmeter grosse Wohnung koste 4,1 Millionen Franken. «Seit dem Umbau ist kein Licht im Haus», erzählt Hans Rominger. «Traurig ist das, ein leeres Haus.»

Traurig stimmt ihn auch, dass die grosse, mit teuren Maschinen ausgestattete Schreinerei im alten Keller hinter dem Haus kaum mehr benutzt wird. Giovanni Rominger, der älteste Sohn, hat den Betrieb vor Jahren übernommen. Nach mehreren Knieoperationen ist er aber nur noch eingeschränkt tätig. Er arbeitet drei Stunden täglich als Schreiner für das Hotel Waldhaus. Im Eingang der mit Holz, Sägemehl, Möbeln und gedrechselten Objekten überstellten Werkstatt züchten Romingers derweil Kaninchen und Entenküken.

«Als Bub fuhr ich mit gewöhnlichen Abfahrtsski über die Olympia- und Maloja-Schanze. Zu Sprungski kam ich erst später, als ich das Abfahrtsrennen beim «Suvretta House» gewann. Beim Massenstart fuhren wir Brüder *kerzegrad abe,* damals waren noch keine Fähnchen gesteckt, und wir waren das Tiefschneefahren ja gewöhnt. Pisten, wie wir sie heute kennen, kamen damals erst auf.

Nach der Schule begann ich mit der Lehre beim Schreiner Vinzenz in St. Moritz. An den Wochenenden fuhr ich jeweils mit dem Velo oder mit den Langlaufski nach Hause – alte Abfahrtsski ohne Kanten, die ich schmäler gemacht hatte.

Das Skilehrerpatent machte ich 1935. Nachdem ich in verschiedenen Skischulen bereits ausgeholfen hatte, arbeitete ich fortan während der Wintersaison in St. Moritz. Meinen Beruf als Schreiner gab ich aber nie auf. Mein Bruder Rudolf setzte ganz aufs Skifahren. Er gewann 1936 die Weltmeisterschaften in der Abfahrt und in der Alpinen Kombination. 1938 und 1939 wurde er Weltmeister im Slalom. Bevor der Krieg ausbrach, hatten wir beide Verträge für Skirennen auf künstlich beschneiten Hängen in Paris und London. Daraus wurde dann nichts.

Ich fuhr aber viele lokale Skirennen. Jedes Dorf hatte eines. Und Skilehrer blieb ich über vierzig Jahre lang.

Während des Krieges lieferten wir Holz nach Deutschland, Türen für Baracken. Zusammen mit meinem Vorarbeiter schnitt ich diesen Türen die Zapfen ab, sodass sie, wenn man sie zuschlug, in vier Teile flogen. Reklamationen gab es aber nie. Wir fühlten uns nicht nur von den Deutschen, sondern auch von den Italienern bedroht. Später waren wir dann mit ihnen auch befreundet. Ich hatte viele Jahre einen italienischen Angestellten, und die meisten meiner Skischüler waren Deutsche.

In den Kriegsjahren wurde viel geschmuggelt. In unserem Haus wohnten italienische Schmuggler, die uns über den Tremoggia aus dem Valmalenco Reis brachten und mit Salz zurückgingen. Die Grenzwache hat das toleriert, wahrscheinlich selber davon profitiert.

1941 starb mein Vater im Alter von fünfzig Jahren an einem Herzschlag. Als einziger Sohn löste ich den Stall und die Kutscherei auf und verkaufte die Pferde. Dann stellte ich einen Knecht aus dem Valmalenco ein und kaufte sechs Milchkühe und junges Galtvieh, von dem ich später jedes Jahr verkaufte. Nach dem Krieg gab es wenig Arbeit. Meine Schreinerei in Celerina lief nicht mehr, und so richtete ich in Crasta, im Haus meiner Eltern, eine neue ein.

Noch im Krieg machte ich in La Motta, hinter dem Bernina, auf einem Grenzposten Dienst. Am Abend ging ich beim nächsten Bauern Milch holen. Und der nächste Bauer war meine Frau. Sie war alleine mit sechs Kühen, und ich sagte: ‹Wenn du willst, melke ich dir ein paar Kühe.› Schweren Herzens liess sie mich machen, aber danach hat sie alles kontrolliert, sie traute mir nicht.

Zehn Jahre später bin ich ihr vor dem Schulze wiederbegegnet. Ich lud sie zu einem Kaffee ein. Sie arbeitete in der Pensiun Chastè. Ich besuchte sie dort, und am Sonntag, wenn sie frei hatte, gingen wir Skifahren. Als ich in Poschiavo im Militär war, besuchte ich sie. Und schliesslich kam sie ins Fex. *Tusignünhunderteinefüfzg he mer ghüratet. In Poschiavo, beidi reformiert. So öppis tröis und flissigs han i nüme atroffe. Ich tues immer vergliche mit Ameise im Wald: Was het mer denn für es Gfühl? Ich tuen diä eifach bewundere.*»

«Kommst du zum Essen?» Giovanni Rominger klopft an die Stubentüre. Wilma Rominger, geborene Semadeni, kocht jeden Mittag für sich, ihren Mann und weitere Mitglieder der Familie. Romingers haben vier Töchter und zwei Söhne. Und neun Enkel. Einer von ihnen ist Koch. An Weihnachten hat er in St. Moritz für eine russische Familie gekocht.

«Sohn Giovanni und Tochter Silva kamen in Crasta zur Welt. 1954 kaufte ich das Haus in Sils Maria. Ehemals im Besitz der Familie Matossi, hatte es während zwanzig Jahren leergestanden, nun gehörte es der Bündner Kantonalbank, die einst darin eine Filiale betrieb. Als Jugendlicher war ich schon einmal drin gewesen, als ich Senn war am *Chalandamarz* und das Geld für die Schulreise in der Stube abgegeben habe. Das Haus kaufte ich für 60 000 Franken. Zuvor verkaufte ich das elterliche Haus, die Kühe, den ganzen Heuvorrat und sämtliche Landwirtschaftsmaschinen. In den ersten zwei Jahren stellte uns das Hotel Stallbad unentgeltlich Möbel zur Verfügung, später kamen meine selber angefertigten hinzu.

Als wir in das Haus eingezogen sind, war es in einem schlechten Zustand: Ohne Zentralheizung, und an den Wänden entlang floss das Regenwassser hinunter bis in den Keller. Zuerst reparierte ich das Dach. Die oberen Zimmer waren ziemlich schnell vermietet, zum Teil an Gäste, die heute noch in der vierten Generation drei- bis viermal im Jahr aus Deutschland kommen. Unten richtete ich die Schreinerei ein und stellte zwei weitere Schreiner ein. Wir bauten Häuser um und bauten auch neue. Grössere Aufträge waren die katholische Kirche in Silvaplana und die katholische Kirche von Maloja. In Maloja habe ich viel gebaut.

Im Fex ist heute alles unter Landschaftsschutz. Für das Land mag das gut sein, aber nicht für die Einwohner: *A Magerwiese bringt einem nid viel.* Heute wird manchmal übertrieben, was Heimat-, Tier- und Umweltschutz betrifft. Jetzt sagen die Forscher, es werde immer wärmer. Dabei haben wir selten einen so kalten Januar gehabt wie dieses Jahr. Es gab immer schon alles: In den Dreissigerjahren bin ich mit Gästen einmal im Januar zu Fuss auf den Piz Ner gegangen, weil es keinen Schnee hatte. Mit dem Waldsterben ist es das Gleiche: Als es hiess, der Wald sterbe, fand ich im Frühling unter einem Birnbaum im Puschlav siebzehn neue Pflanzen! Einzelne Bäume sind immer gestorben, das ist natürlich.

Von den Leuten in den Städten wird einfach diktiert, über die Köpfe der Einheimischen hinweg. Auf der Strasse vor meinem Haus hat es kein Licht mehr, seit neue Hausbesitzer von der Gemeinde verlangt haben, die Strassenlaternen abzustellen. Jetzt ist es dunkel: von der ‹Alpenrose› bis zur Kirche. Auch die Häuser sind alle dunkel und nur wenig bewohnt.»

Und wer ist schuld daran? Die eingesessenen Silser, die ihre Häuser reichen Unterländern verkauften, oder die neuen Besitzer? «Es braucht immer Leute, die Geld brauchen, und Leute, die nicht wissen, wohin mit dem Geld», sagt Hans Rominger. Das Engadin habe schon früher von den Touristen gelebt: «*Vom Gras allei isch me nid faiss worde.* Aber wir haben die Touristen immer geschätzt und geachtet.»

Hans Rominger ist im Juni 2011 gestorben.

Rosa Giovanoli
Ohne Licht, ohne Fernsehen
und ohne Radio

Die Autos und Motorräder fahren achtlos vorbei, nur das Postauto hält hier noch immer einen Moment an: Plaun da Lej, politisch zu Sils gehörend, liegt ziemlich genau zwischen Sils und Maloja. Die Häuser lassen sich an zwei Händen abzählen: ein Hotel mit Segelschule, ein Restaurant, zwei Privathäuser und zwei Ställe. Im einen der beiden Wohnhäuser leben seit mehr als einem halben Jahrhundert Rosa und Marco Giovanoli.

An einem regnerischen Junimorgen rufe ich Rosa Giovanoli an. «*Ja, hüt Namittag isch guet*», antwortet sie auf meinen spontanen Vorschlag, bereits in wenigen Stunden vorbeizukommen. Im Winter ist sie mir vom Postauto aus schon aufgefallen: Eine alte Frau in Haushaltsschoss, die vor ihrem Haus an der Sonne sass. Trotz den vorbeibrausenden Autos ein Bild der Ruhe.

Als ich auf das Haus zugehe, erwartet mich Rosa Giovanoli auf dem kleinen Balkon. Ihre Augen sind blau. Und blau ist auch ihre Schürze und sogar der Stein an ihrem Ring. Gesicht und Hände sind von der Sonne gebräunt. Wie so viele Einheimische beklagt sie das anhaltend schlechte Wetter und bittet mich in die Küche. Am Telefon hatte sie mich in einem von *Bergaiot,* dem Bergeller Dialekt, gefärbten Bündnerdeutsch gefragt, ob ich Italienisch spräche. «Wir probieren», hatte sie gemeint. Und nun fliesst es, unser Gespräch auf Schweizerdeutsch.

«‹Hier gibt es immer etwas›, haben meine Eltern gesagt. Arbeit – hier gab es immer welche, während es im Bergell einfach nichts gab, womit man Geld verdienen konnte. Meine Eltern, Ricardo und Dorina Gianotti, kamen 1931 aus Stampa nach Capolago, Maloja. Unser Haus lag gleich hinter dem Restaurant Bellavista. Es war die grosse Krise, und mein Vater hatte im Bergell kein Auskommen mehr gehabt. Hier hatten wir sieben Stück Vieh, und mein Vater konnte verschiedene Arbeiten ausführen für die Gemeinde, etwa Bäume schneiden, Schnee schaufeln oder Strassen putzen. Meine Mutter machte den Stall. Im Bergell, in Montaccio, woher sie kam, pflanzten wir Kartoffeln. Nach dem Krieg wurde es langsam wieder besser. Im Garten in Soglio haben wir heute *Härdöpfel,* Randen, Zwiebeln, *Rüebli* und Lauch. Und sechs Äpfelbäume, von denen drei Äpfel tragen.

Ich wurde 1935 in Maloja geboren, nach meinem Bruder Antonio und meiner Schwester Lilina. Wir gingen in Maloja zur Schule. Nachher, 1952, war ich für sieben Monate in Zürich bei einer Familie mit drei Kindern. In Höngg. *Es isch nid so schön gsi. Gottseidank* war auch meine Schwester dort. Ich ging wieder zurück. Im Sommer haben wir *ghöiet.* In Maloja, Montaccio und Grevasalva*. *Und denn han ich min Ma gfunde.* Er wohnte damals auf Grevasalva, aufgewachsen ist er in Soglio. Wir gingen tanzen. Und später heirateten wir, im Oktober 1954. Ich war neunzehn, er war 28. Bis Dezember wohnten wir auf Grevasalva, dann kamen wir hierher, ins Haus, wo heute das Restaurant Murtaröl ist: ohne Licht, ohne Fernsehen, ohne Radio. *Aber dänn hämer Poppeli gmacht. Isch wahr!»*

Marco Giovanoli hat sich zu uns an den Tisch gesetzt. Wir lachen alle drei.

«Elektrisch», fügt er hinzu, «kam 1963 von Isola über den See, mit Kabel. Dank dem EWZ, die haben alles gratis gemacht.»

Seine Frau fährt mit ihrer Erzählung fort: «In sieben Jahren hatte ich fünf Kinder. Vier Mädchen und einen Buben. Im ‹Murtaröl› waren wir etwa zehn Jahre lang. Aber immer nur im Winter. Den Sommer über, ab Mai, zogen wir auf Grevasalva mit dem *Veh*, etwa zwölf Stück. Am Anfang *verkästen* wir die ganze Milch, später verkauften wir sie. Nochmalerweise kamen wir im Oktober wieder nach Plaun da Lej hinunter. Wegen der Post, die ich hier führte, zuerst im ‹Murtaröl›, dann in unserem Haus. Zu Fuss brachte ich die Zeitungen hoch. Nach Buaira, Blaunca und Grevasalva. *Madoja!* Im ersten Jahr lag bei mir zuhause ein Baby im Bett und das nächste hatte ich schon *da inne* (zeigt auf ihren Bauch). Ich musste immer pressieren, und Emilio, mein Sohn, weinte jeweils, wenn er hinter mir herlief: *Mama, spetscha, Mama, spetscha!* (Mama warte!) Etwa fünfzehn Familien lebten hier. In Buaira leben noch heute alles Einheimische, während in Grevasalva und Blaunca fast alles verkauft wurde. *Zürcher, Italiener, das isch schaad. Weil nachher kömmed si und befehled alles.* Zuerst, wenn sie noch nichts haben, kommen sie auf den Knien und bitten. Aber wenn sie dann haben, was sie wollen: Alles stört! Wenn Kühe her-um sind, wenn jemand hinauffährt – sofort rufen sie auf der Gemeinde an. Eine andere Mentalität.

Wo wir heute wohnen, war früher ein Maiensäss der Familie meiner Mutter. Unser Haus bauten wir 1964. Zwei Jahre vorher hatte Marco angefangen im Bündner Kraftwerk zu arbeiten, als Maschinist. Dreizehn Jahre lang Schichtarbeit. Ich molk die Kühe in dieser Zeit, noch lange von Hand. Erst 1977 kauften wir eine Melkmaschine. Die Waschmaschine kauften wir 1966. Später arbeitete mein Mann von November bis Mai beim Kinderskilift in Surlej. Als er aufhörte, war er 66.»

«Unsere Kinder gingen in Sils zur Schule. Am Morgen mit dem Postauto, am Abend mussten sie zu Fuss zurück, der Strasse entlang, eventuell mit Autostopp, was ich aber nicht gerne hatte, ausser wenn Leute aus Maloja sie mitnahmen. Damals verkehrten nur drei Postautos am Tag, das letzte fuhr in Sils kurz vor acht Uhr abends ab. Über Mittag assen unsere Kinder bei Frau Gilly und bei Frau Pedrun. In Plaun da Lej waren wir im Winter ganz alleine. Alles hatte zu. Bis Januar kamen ab und an nur die Bauern von Grevasalva und Buaira vorbei, um die Post zu holen. Und zweimal in der Woche holten sie Brot, das von Soglio hinaufkam. Früher ging ich eher nach Sils. Heute kaum mehr. Die Barriere zwischen Sils Maria und Sils Baselgia gefällt mir nicht. *Schtüre zahle, das scho!* Aber für die Kinder hat die Gemeinde nichts gemacht. Nur Sport, *in Sils isch nur Sport!*

Verkehr hatten wir hier immer schon, vor allem am Wochenende. Aber nicht so viel wie heute. Früher kamen viel mehr Fischer. Am ersten Tag der Fischersaison waren fünfzig bis sechzig *Bötli* auf dem See. Heute sind es noch zehn bis zwölf. Wir selber gingen nie fischen. Wir bekamen vielleicht Fische geschenkt, aber gekauft haben wir nie.

1989 wurde die Post hier geschlossen. Aber Zeitungen habe ich noch bis vor sechs Jahren verteilt. Die Kühe haben wir vor fünf Jahren verkauft. Jetzt haben wir zwei Esel und zwei Katzen. Die Esel kommen aber bald weg. Weil wir sind alt.»

Marco Giovanoli arbeitet in der Werkstatt mit Holz. Vor dem Fenster rauscht der Bergbach, der von Grevasalvas hinunterkommt. Der Stall nebenan ist leer. Die beiden Esel – auf Bergaiot *äsan* – stehen auf der Wiese über der Strasse, direkt am See.

In der Stube hängt an prominenter Stelle ein gerahmtes grosses Puzzle, die pittoreske Ansicht von Soglio. Vor dem Fenster das Engadin: Der Blick schweift hinüber nach Isola, und weiter nach links zum Hotel Waldhaus. «Ein schönes Haus und eine nette Familie», sagt Rosa Giovanoli. «Oft, wenn es tagsüber Schlechtwetter hat, scheint am Abend dort die Sonne.» Sie und ihr Mann waren mehrmals im «Waldhaus». Ganz früher zum Tanz mit der Skigruppe, später dann an *Chalandamarz,* als die Kinder im Hotel zu Mittag assen und die Eltern im Saal Kaffee tranken. Letztmals dort waren sie vor etwa zwanzig Jahren an einer Hotelführung. Nachhaltig beeindruckt hat sie insbesondere das Untergeschoss des Hauses, wo alte Kleider, Ski und Skikostüme und sogar antike Kaffeemaschinen gelagert würden. «Diese Sachen haben doch alle anderen weggeschmissen», bemerkt Rosa Giovanoli.

Vor zwei Wochen waren Giovanolis bei ihrer Tochter in Zufikon, *«Kanton Argovia».* Drei Tage, und wie Marco Giovanoli sagt, *«scho fascht eine z'viel».* «Dune», fügt er

hinzu, könnte er nicht wohnen. Seine Frau aber meint: «Hier haben wir schon einen langen Winter. Und ich glaube, er wird immer länger. *Unne isch scho besser, aber füecht.* Und im Winter, wenn sie Nebel haben, dann ist es auch schlimm. Im März fragen meine Töchter am Telefon: Habt ihr noch Schnee?» Alle vier sind weggezogen, nach Basel, Chur, Zufikon und ins Tirol. Einzig der Sohn ist hiergeblieben. Das Bergaiot verschwindet langsam, aber sicher, zumindest bei den neun Enkeln. Die Töchter sprechen mit ihren Kindern Deutsch und Tiroler Dialekt. *«So isch es»,* sagt Rosa Giovanoli. Dann steht sie auf, macht einen Tee und öffnet ein Pack *Baslerläckerli*. Nach dem Zvieri mache ich mich zu Fuss auf nach Sils. Während mich Marco Giovanoli noch bis zu den Eseln begleitet, steht Rosa Giovanoli auf dem Balkon und winkt.

* Redewendungen wie «die Chastè» sowie Ausdrücke, Orts- und Flurnamen (die ehemaligen Bergeller sagen «Grevasalva», nicht «Grevasalvas») habe ich entsprechend den lokalen Gepflogenheiten übernommen, auch wenn sie nicht mit der gängigen Schreibweise übereinstimmen.

Linard Godly
General Guisan sah ich nur ganz kurz

Lächelnd, fast ein wenig verloren, erscheint er Jahr für Jahr am späteren Silvesterabend im Speisesaal der Pensiun Chastè. Die langjährigen Gäste bitten Linard Godly dann an ihren Tisch und stossen mit ihm an. Er scheint die Gesellschaft zu schätzen und erzählt bei dieser Gelegenheit aus seinem heutigen Alltag und dem vergangener Zeiten.

«Linard Godly, der weiss viel über Sils», sagte mir eines Tages auch Christa Fümm, als wir in ihrem Laden miteinander ins Gespräch kamen.

«Ich habe Zeit», sagte Linard Godly, als ich ihn zwei Monate später anrief. Um vier Uhr nachmittags klopfte ich wie abgemacht beim Privateingang, hinter der «Marchetta», wo er bereits wartete. «Wir gehen hinüber», meinte er und führte mich in die Stube der Pensiun Andreola.

«Maria Heinz, meine Urgrossmutter, ist hier, gegenüber der Marchetta, im ehemaligen Turmhaus geboren. Die Familie Heinz zog nach Silvaplana und pachtete das Restaurant Wildenmann. Meine Grossmutter, die auch Maria hiess, wuchs in Silvaplana auf.

Mein Grossvater, Paul Godly, kam von Bergün nach Zuoz und ging von dort weiter nach Silvaplana, wo er Buchhalter im Engadiner Hof wurde. Dort heiratete er meine Grossmutter. Ihre beiden Kinder, Paul und Annigna, gingen in Silvaplana zur Schule. 1904 kauften meine Grosseltern die heutige Pensiun Chastè in Sils Maria und zogen hierher. 1571 hatte ein Mitglied der Familie Castelmur das Haus gebaut. Es hatte als Wohnhaus gedient und war Anfang des 20. Jahrhunderts eine kleine Wirtschaft mit Bäckerei. Ab 1908 führten meine Grosseltern das Haus als Pensiun.

Meine Mutter, Maria Stoffel, ist auf dem San-Bernardino-Pass geboren, wo ihre Eltern während des Ersten

Weltkrieges wirteten. Ursprünglich kamen ihre Eltern vom Kreis Rheinwald, aus Nufenen. Als Köchin kam sie in die Pensiun Chastè, wo sie meinen Vater kennenlernte. Er hatte auch Landwirtschaft. Die beiden ersten Kinder kamen im Haus Castelmur zur Welt: zuerst Maria und dann ich, im März 1931. Von dort zogen wir ins ehemalige Haus des Schreiners, ins Haus Jäger, wo Christina zur Welt kam. 1934, als meine Grosseltern nicht mehr lebten, zogen wir zusammen mit meiner Tante in die Pensiun Chastè, wo Gian Pol geboren wurde. In dieser Zeit waren Annemarie Schwarzenbach, ihr Mann Claude Clarac und Therese Giehse im Haus Jäger.

Während des Krieges wohnten wir im heutigen Haus Nunzi, *zmitzt in dr Wiese. Dusse,* in der Pensiun Chastè, hatte es in der Stube ein Radio. Ich erinnere mich an die Nationalhymne und die Nachrichten. Mein Vater verfluchte die Deutschen. Beim heutigen Eisplatz musste er einrücken. Nach Maloja. Das Kantonnement war im ‹Palace›. *Bald isch er krank kho mit em Mage und los kho vom Militär.* Ab 1942 arbeitete er wieder in der Landwirtschaft.

Das Pulvermagazin war in Sils Baselgia, im Haus Kuhn. In den Restaurants gab es blaue Lichter, und überall wurde verdunkelt. Tief über dem Silsersee flogen deutsche und italienische Maschinen. Im Esssaal der ‹Chastè› logierten Soldaten auf Stroh, die selber kochten. Auch die anderen Hotels waren mit Soldaten gefüllt, hauptsächlich kamen sie aus der Innerschweiz, aber auch aus dem Kanton Bern. Sogar das ‹Waldhaus› und der ‹Schweizerhof› waren belegt. Nur das ‹Margna› war im Sommer geöffnet. Im ‹Silserhof› waren Pfadfinder untergebracht.

Einmal übernachtete General Guisan im ‹Margna›. Er inspizierte die Marschkolonne, ich sah ihn nur ganz kurz. Aber am Radio habe ich ihn oft gehört. In Maloja wurde ein Bunker gebaut, hinter dem ‹Kulm›. Angst hatten wir aber keine.

Eines Tages sah ich die Ortswehr. Die älteren Männer, etwa zehn, standen *dusse,* vor der ‹Chastè›, wo Militärmusik spielte. Sie erhielten ein Gewehr. Und sie mussten schwören. Das hat mir Eindruck gemacht. Mein Vater war als Offizier auch dort. Meine Mutter war im Samariterverein.

Der Stall des Nunzi-Hauses war voll mit Militärpferden. Nach den Märschen wuschen sich die Soldaten am Inn die Füsse. Auf der Strasse fuhr nur das Postauto, mit Holzvergaser.

Die Soldatenweihnacht war im Café Schulze. Wir Schulkinder sangen. Wo heute die Kutschen warten, die ins Fextal fahren, stand ein grosser geschmückter Tannenbaum mit Kerzen. Einen Christbaum hatten wir auch zuhause. *Es het Birebrot geh, das scho, und Guetzli.*

Im Sommer machten wir eine Schulreise nach Soglio. Bis dahin war ich noch nie im Bergell gewesen. Wir fuhren mit dem Postauto nach Stampa und gingen von dort zu Fuss. Wir übernachteten bei Bauern. Am nächsten Tag ging es nach Castasegna, an die Grenze. Dort sangen wir Lieder für die Soldaten, die Wache hielten. Das Postauto nahmen wir erst in Stampa, bis dort marschierten wir zu Fuss. 1938/39 wurde die Strasse asphaltiert.

Annemarie Schwarzenbach kam oft zur Tante in den Garten. Ich erinnere mich, wie sie im Herbst 1942, nach ihrem Velounfall, mit verbundenem Kopf in ihr Haus getragen wurde.

Bei Kriegsende bastelten wir Kinder Abzeichen in der Schule und verkauften sie. Am Abend läuteten die Kirchenglocken in Sils Baselgia. Die Leute blieben jedoch zu Hause.

Danach kamen wieder Touristen, aber nur wenige. Auf Anraten des Berufsberaters arbeitete ich bei verschiedenen Bauern im Unterland, einmal in Langnau am Albis und in der Epileptischen Anstalt in Zürich. Ende der Vierzigerjahre besuchte ich die Landwirtschaftliche Schule in Landquart, im Sommer war ich hier mit den Kühen. 1946 half ich einem Bauern in Uerikon am Zürichsee bei der Apfellese und machte mit einer alten Presse Most. Danach war ich wieder hier, bei den Eltern. Ich arbeitete mit Vater zusammen, später dann alleine.

Nach dem Heuen ging ich früher ab und zu mit auf Gruppenreisen. In die Cinque Terre, durch Österreich bis Wien, über die Loire-Schlösser ans Meer, und einmal machte ich auf den Spuren von Napoleon eine Rundreise von Nizza bis Grenoble.

1995 hörte ich dann aus gesundheitlichen Gründen mit Bauern auf. *Ich han nöd ghüratet. Isch eigentli au schad.*»

Da sich schon bald ein Gast in die Stube gesetzt hatte, befanden wir uns zum Schluss des Gesprächs im Esssaal der Pensiun Andreola. Er wolle mir noch etwas zeigen, sagte Linard Godly und zog aus einem Plastiksack Papier hervor: Bleistiftzeichnungen von Häusern und alten Ställen in Sils und Umgebung, die er in den letzten Jahren angefertigt hat. Ob ich ihm sagen könne, wo er diese Bilder vielleicht verkaufen könne. Im ersten Moment kamen mir Zweifel, ob sich jemand für die naiven Zeichnungen interessieren würde. Später aber, zu meiner eigenen Überraschung, sind sie immer wieder vor meinem inneren Auge aufgetaucht: Linard Godlys Gebäude, verlorene Objekte im weissen, leeren Raum. Gerne möchte ich sie nochmals sehen.

Adelina Kuhn
Nun ist das «Marmotta» Geschichte

Kurz vor Ostern 2010 erschien das Murmeltier, Kennzeichen und Namensgeber des Café Marmotta, in einem Inserat in der Engadiner Post: «Ostermontag, 5. April, haben wir den allerletzten Tag das ‹Marmotta› offen.» Eine Todesanzeige für ein Café: «Mit einem lachenden und einem weinenden Auge» bedankte sich Adelina Kuhn bei ihren Kunden «für Ihren Besuch und Ihre Treue» und kündigte in der nächsten Zeile die Liquidation ihres Lokals an.

Am Karfreitag waren gegen fünf Uhr nur noch wenige Gäste im «Marmotta». Draussen schien noch immer die Sonne, und der Maloja-Wind wehte wie so oft. Eine wehmütige Stimmung erfüllte den im Stil der Siebzigerjahre gehaltenen Raum, der, eingerichtet mit Tischen, Eckbänken und Stühlen aus dunklem Nussbaumholz, wohltuend allem Mainstream-Design trotzte. Noch lagen sie in der Auslage beim Eingang, noch konnte man sie kaufen: die weitum besten Engadiner Nusstorten, das (Hand-)Werk des Patissiers Georg Brander, der in all den Jahren zum guten Ruf des Hauses beitrug. Im Angebot führte Adelina Kuhn auch Brot, Patisserie, Pralinen, selbst gemachte Glacés, Apéro-Gebäck und Partydesserts.

Doch vorbei ist vorbei: In meinem Küchenschrank stehen jetzt vier Biergläser, die ich aus dem liquidierten Geschirrbestand aussuchen durfte.

Und bereits am Dienstag nach Ostern fuhren Bauarbeiter auf, wurde die Mulde vors Haus gestellt. Gian Kuhn, Adelinas Bruder und Präsident der Bürgergemeinde von Sils, hat das «Marmotta» gekauft. Bereits Mitte Juni will er darin ein neues Restaurant eröffnen. Später möchte er den Eingang zum Hotel La Grischa zur Strasse hin verlegen und den Wellness-Bereich des Hotels ausbauen.

Nach der Räumung ihres Cafés hätte Adelina Kuhn eigentlich Ferien verdient. Doch bereits am darauffolgenden Tag ist sie mit einer neue Aufgabe beschäftigt: Sie räumt die Wohnung ihrer Mutter Adelina, die seit zwei Wochen in einem Altersheim im Bergell untergebracht ist. Als ich sie besuche, liegt auf dem Küchentisch altes Besteck, ein silbernes Teesieb und ein Nussknacker. «Die schönen Sachen behalten wir, die anderen kommen ins Brockenhaus», erklärt die Gastgeberin resolut.

Das herrschaftliche Haus, in dem Adelina Kuhn aufgewachsen ist, liegt gegenüber der Kirche von Sils Baselgia. Ihr Grossvater hat es Anfang des letzten Jahrhunderts gebaut. Der Baumeister aus dem züricherischen Lindau eröffnete in Sils ein Baugeschäft und gründete eine Familie. Der Grund für seinen Auszug aus dem Unterland ist Adelina Kuhn nicht bekannt.

1906 wurde ihr Vater geboren, Heinrich Kuhn. Er übernahm das Baugeschäft seines Vaters, heiratete und hatte drei Kinder. Seine Frau verstarb in jungen Jahren, und Heinrich Kuhn stand mit drei Kindern alleine da, wenn auch nicht lange. «Die Klavierlehrerin kam regelmässig ins Haus», erzählt Adelina Kuhn: «Wahrscheinlich funkte es dann einmal zwischen ihnen.» Die Klavierlehrerin war ihre Mutter, Adelina Robbi. Heinrich Kuhn heiratete ein zweites Mal, und Adelina Robbi brachte vier weitere Kinder zur Welt: zwei Töchter und zwei Söhne. Weil im Winter 1951 extrem viel Schnee lag, und um sicher zu gehen, dass die Tochter Adelina im Spital auf die Welt kommt, ist die Mutter frühzeitig zu ihrer Schwester nach Chur gefahren.

Adelina Robbi ist in St. Moritz aufgewachsen. Ihr Vater führte am Schulhausplatz die Metzgerei Robbi, im Haus, in dem sich heute der Interdiscount befindet. Vor ihrer Heirat hatte sie das Konservatorium in Neuchâtel und Prag besucht. Im Gegensatz zum bodenständigen Vater bezeichnet Adelina Kuhn das Wesen ihrer Mutter als künstlerisch: «Als junge Frau spielte sie an Konzerten in verschiedenen Städten, etwa in Winterthur. Später auch in der Kirche in St. Moritz und im Gottesdienst in Sils – Letzteres bis weit über ihren achtzigsten Geburtstag hinaus. Wir *Gofen* hatten dann freie Bahn, wenn sie unterwegs war. Sie brachte uns die klassische Musik näher, und jedes Kind musste ein Instrument lernen.» Nebenbei erhielten sie verschiedene Sprachen mit auf den Weg: Mit den Eltern sprachen sie romanisch, von den Dienstmädchen lernten sie Deutsch und mit den italienischen Bauarbeitern sprachen sie italienisch: «Den Dialekt von unten.»

Im Haus mit Seeblick waren ebenerdig das Baugeschäft und die Stallungen der Pferde untergebracht. Die Wohnräume lagen im ersten Stock. Zwischen Haus und Strasse lag eine grosse Wiese. Hinter dem Haus, auf der Seite des späteren Café Marmotta, spazierten die Hühner herum.

Heinrich Kuhn war ein grosser Schaffer. Ende Fünfziger- und in den Sechzigerjahren hatte er rund um die Uhr zu tun: «Als Kinder hatten wir nie ein richtiges Fest, weil an Weihnachten und Neujahr immer italienische Arbeiter am Bauen waren», erinnert sich Adelina Kuhn. In dieser Zeit beschäftigte ihr Vater dreissig bis vierzig Bauarbeiter. Ende der Siebzigerjahre waren es achtzig bis neunzig: «Danach hat sich das Geschäft, das mein Bruder Gian übernommen hat, wieder gesundgeschrumpft.»

Anfang der Sechzigerjahre meldete sich bei Heinrich Kuhn das italienische Konsulat: Die Unterkünfte der Arbeiter seien unzumutbar. Adelina Kuhns Vater errichtete daraufhin angrenzend an das eigene Haus einen Neubau, der sich in der ersten Krise dann aber als zu gross erwies. Also bot ihre Mutter die Achterzimmer fortan als Ferienlager für Schulen und Sportgruppen an. Später kamen dann auch Zweierzimmer dazu. Im Esssaal assen Arbeiter und Feriengäste – fein säuberlich voneinander abgetrennt.

Nach der Sekundarschule in St. Moritz besuchte Adelina Kuhn die Handelsschule in Neuchâtel und die Frauenschule in Bern, wo sie sich zur «Hausbeamtin» ausbilden liess. Sie arbeitete an verschiedenen Orten und entschloss sich 1975 schliesslich für ihre *Beiz*. Im Kurs für Wirte lernte sie Georg Brander kennen, den damaligen Chef-Patissier des Cafés Hanselmann in St. Moritz. Die beiden arbeiteten während der ganzen Ära des «Marmotta» zusammen.

1982 kam, unmittelbar an der Strasse, der Bau des Hotels Chesa Grischa hinzu. Arbeiter und Sportgruppen machten nun Hotelgästen Platz; Gian Kuhn übernahm das Unternehmen.

Das «Marmotta» etablierte sich als Café für Einheimische und Touristen. Am Stammtisch trafen sich Sonntag für Sonntag viele Jahre lang dieselben Gesichter. Einige sind inzwischen gestorben. Bis zuletzt zu sehen waren der Nachbar Oscar Felix und Marco Giovanoli aus Plaun da Lej. Ausländische Gäste reisten Jahr  für Jahr an: «Wenn sie hereinkamen, wusste man schon, was sie trinken», erzählt Adelina Kuhn. Die Angestellten blieben dem Lokal oft viele Jahre lang treu. Und treu blieb sich auch die Menükarte mit Tellerservice: Gerstensuppe, Salsiz, Salat, paniertes Schweinssteak und Entrecôte.

Ausgeführt wurden aber auch individuelle Bestellungen. In den ersten Jahren des «Marmotta» kreierte Georg Brander beispielsweise Desserts für den Schah von Persien, wenn dieser in seiner Villa in St. Moritz logierte. Er kandierte Orangenschnitze für Caroline von Monaco. Und vor der Krise bestellte ein Basler Fabrikant Jahr für Jahr ganze Container mit Nusstorten, die er dann nach Japan verschickte. «Wir haben oft nächtelang gekrampft, aber immer mit Freude», erinnert sich Adelina Kuhn.

Nun ist das «Marmotta» Geschichte. «Irgendwann wurde es mir zu viel, auch gesundheitlich. Das Café war überaltert. Und man muss heute immer mehr arbeiten für weniger Geld», erklärt Adelina Kuhn. Kleinbetriebe würden vom Staat nicht mehr unterstützt. Die Bürokratie nehme zu: «Wenn man alles selber machen muss, *isch mer en arme Siech.*» Nun sei es Zeit für etwas anderes.

Und sie weiss schon, was: Adelina Kuhn hat im Unterland eine neue Stelle angenommen. Sie wird zwei Tage pro Woche in Russikon beim Verein pro Igel arbeiten, sich für ein Tier einsetzen, das es in Sils nicht gibt. Am Anfang kann sie bei einer Freundin in Rheinfelden wohnen und von dort aus zwischen Russikon und Sils pendeln. Ihre beiden Dackel kommen selbstverständlich mit. «Daneben würde ich gerne am Wochenende irgendwo arbeiten, das habe ich ein ganzes Leben lang gemacht.» Nach einem Leben in Sils wird Adelina Kuhn pendeln, sich vielleicht ein GA kaufen, sich ein Auto im Unterland zulegen, die Wohnung der Mutter ausbauen. «Mal sehen», sagt sie: «Ich lasse alles auf mich zukommen.» Bis jetzt habe sie keine Zeit gehabt, um traurig zu sein.

Eines möchte ich noch wissen: Was hält die Tochter des Bauunternehmers vom Hausbau in Sils? Die Antwort kommt sehr spontan: «Eine Katastrophe!» Eine Katastrophe? «Ich war zu lange im Gemeinderat. Da sieht man viel. Es ist richtig, dass man auf den Zweitwohnungsbau den Finger draufhält. Aber die Bauweise gefällt mir nicht. Wenn man sich die beiden Steinhaufen da vorne anschaut – wir sprechen vom Bin Laden-Bunker und dem Krematorium – und die Holzhütte vor dem ‹Margna›: Nein, da bin ich nicht einverstanden. Sils war eine der ersten Gemeinden, die den Erstwohnungsanteil auf 25 Prozent setzte, im Unterschied zu anderen Gemeinden konnte sich lange Zeit niemand diesem Gesetz mit Geld entziehen. Aber seit der Kanton mitmischt, ist es anders.» Bis 2002 sass Adelina Kuhn im Gemeinderat. Mit ihrem Bruder hat sie während dieser neun Jahre oft gestritten. Aus der Bevölkerung erhielt sie viel Unterstützung: «Zum Beispiel hatte jeder Blumentrog im Dorf einen Götti, eine Gotte. Die Leute kamen zu mir mit ihren Anliegen, etwa wenn sie sich eine sichere Strasse für ihre Kinder wünschten.» In der Beiz war sie stets erreichbar. *«Sils isch e guets Kaff»*, sagt sie zum Schluss. Im Gemeinderat hätten sie immer gesagt: *«Mit dene kasch nid schnure, das sind schturi Böck.»* In einem guten Sinne? «Ja. Vielleicht auch in einem weniger guten, *mängisch.*»

Attilio Bivetti
Luxustiere gab es keine

Ruhig ist es vor Attilio Bivettis Haus höchstens wenige Tage im Jahr, wenn die Kantonsstrasse wegen Lawinengefahr gesperrt ist. Wenige Schritte von seinem Haus entfernt zweigt sie nach Sils Maria ab. Der einstige Tierarzt, der zuständig war für das Oberengadin und das Bergell, wohnt ausserhalb des Dorfes, in einem der wenigen Häuser, die auf der anderen Seite des Inns liegen.

Ähnlich ungewöhnlich wie die Wohnlage und sein früherer Beruf war schon die Tätigkeit seines Vaters gewesen. Gian Bivetti, der in Castasegna und im Fex aufgewachsen war, amtete als Pfarrer in Vicosoprano. Silvia Barblan, seine Frau, stammte aus Sils. «Als Kind war ich oft bei den Grosseltern in Sils, später dann auch in ihrem Haus im Fex», erzählt Attilio Bivetti, der im letzten Kriegsjahr geboren wurde, 1945. Braungebrannt empfängt er mich an einem sonnigen Februarmorgen am Esstisch seiner Stube. Vor den grossen Fenstern liegt eine imposante Szenerie: Lej Giazöl, die Ausweitung des Inns, die Ebene, in der Mitte die königliche Margna.

Aufgewachsen in Samedan, wo sein Vater als Pfarrer engagiert war, musste sich Attilio Bivetti als Vierzehnjähriger unfreiwillig von der Engadiner Landschaft trennen. Seine beiden jüngeren Brüder, Gian Duri und Raduolf, waren gehörlos zur Welt gekommen. Damit sie nicht länger ein Internat besuchen mussten, sondern im Kreise der Familie wohnen bleiben konnten, entschlossen sich die Eltern, nach St. Gallen zu ziehen. *«I han ums Verwurge nid zu de Grüezi abe wele»*, erinnert sich Attilio Bivetti. Schliesslich blieb ihm nichts anderes übrig, und er absolvierte das Gymnasium in St. Gallen. Im Herzen aber und in den Ferien blieb er dem Oberengadin treu. Und schon am Tag nach der Matura, erzählt er, habe er seine Schriften «mit erhöhten Promillen in Sils deponiert». Dass die fünf Jahre Ostschweiz nicht in seinen Dialekt eingeflossen sind, erstaunt bei diesem ausgeprägten Bewusstsein an Zugehörigkeit eigentlich nicht.

Doch fürs Erste blieben nur die Schriften in Sils. Attilio Bivetti, der als Bub in Maloja dem Tierarzt Pierin Ratti zur Hand gehen durfte und im Stall von Linard Godly bei einem Kaiserschnitt assistierte, hatte ein klares Ziel. «Gesegnet mit einer gewissen Sturheit» schrieb er sich an der Universität Zürich für Veterinärmedizin ein und war nach dem Studium Assistent am Tierspital. Annelies, seine damalige Freundin und heutige Frau, hatte er in St. Gallen kennengelernt: «Am Freitagabend holte ich sie in St. Gallen ab, und wir fuhren hierher.» Konnte sich die junge Laborantin damals vorstellen, in Sils zu leben? «Wir waren uns bewusst, dass es nichts anderes gibt: *Es isch ere nüt anders übrig bliebe!*»

1973 zog das Paar nach Sils, wo Attilio Bivetti während eines Jahres bei Pierin Ratti assistierte, um die Praxis anschliessend zu übernehmen. Im neu erworbenen Haus kam 1976 Tochter Anna Tina zur Welt, zwei Jahre später Gian Andri. Zuhause wird romanisch gesprochen, Annelies Bivetti spricht mit den Kindern deutsch. In Attilio Bivettis Elternhaus war es Romanisch und Bergaiot gewesen: «Ich wechsle die Sprache je nach Stimmung: Am lautesten wird es auf Bergaiot, und auf Romanisch habe ich ein breites Repertoire an Flüchen», sagt er lachend.

Im Untergeschoss des Hauses befanden sich das Behandlungszimmer, die Apotheke und das Büro. Annelies Bivetti hatte an sieben Tagen in der Woche rund um die Uhr Telefondienst, «mit einem langen Kabel bis in den Garten». In neun von zehn Fällen war es ein Bauer, der anrief. Notfälle verdienten diesen Namen. Nicht wie in den letzten Jahren: «Einmal rief mich etwa ein Feriengast am Heiligabend an. Sein Hund leide seit vierzehn Tagen an Durchfall. Nein, Luxustiere, wie ich sie heute nenne, gab es mit ganz wenigen Ausnahmen keine.» Die meisten Bauern hätten ihre Tiere sehr gerne, meint Bivetti, aber wenn sie nicht rentieren, müsse man sie abtun: «Sie sind ein wirtschaftlicher Faktor. Und die Bauern haben vielleicht noch Danke gesagt, wenn man ein gesundes Kalb auf die Welt zu bringen half oder eine Kuh wieder gesund wurde. Im Bergell waren die Hunde entweder gesund oder tot. Und war eine Katze krank,

war das den Bauern eher peinlich: Sie flüsterten mir zwischen Tür und Angel etwas zu, trauten sich fast nicht, mich deswegen anzugehen. Heute ist ein Haustier ein Unikat.» Von den Tieren, die sein Nachfolger behandelt, sind nur noch die Hälfte Nutztiere. Er selber hielt als «Praxistier» übrigens während vieler Jahre einen Bernhardiner. In seiner Funktion als Tierarzt kam er viel herum: Während eines Jahres legte er im Gebiet zwischen Castasegna und S-chanf rund 60 000 Kilometer zurück.

1977 trat er dem Gemeindevorstand bei, von 1993 bis 2008 amtete er als Gemeindepräsident. Und 2005 übergab er die Praxis seinem Nachfolger. Das Wort «Politik» möge er im Zusammenhang mit dem Dorf nicht, sagt Bivetti, das sei «zu professionell, sogar anrüchig». Man helfe eher mit, zum Rechten zu schauen: «Sprache, Leute und Kultur – ein Wurf!» Der «urbane Mensch», so Bivetti, habe Mühe, offen zu kommunizieren: «Mit einem Bauern habe ich nach einem Satz draussen, worum es geht. Vielleicht ist es ein Dolchstoss, aber ich weiss, woran ich bin. Der sogenannt kulturelle Mensch wagt nicht, offen zu sein.»

Als bekräftigten sie diese markigen Worte, schlagen die beiden antiken Standuhren elf Mal, und zwar hintereinander. «Zuerst fürs Erwachen, dann fürs Mitzählen», erklärt der Gastgeber schmunzelnd.

Erwachen und Mitzählen – beides hat auch mit einem anderen Thema zu tun, das Bivetti als Gemeindepräsident immer wieder beschäftigte: der Tourismus. Man verkaufe sich damit ein Stück weit, meint er: «Damit habe ich an sich keine Mühe. Unser Problem ist ein quantitatives.» Immer mehr Traditionen verschwinden, Fremdes nimmt überhand. Ein Zeugnis aus früheren Tagen hat Attilio Bivetti für seine beiden erwachsenen Kinder festgehalten: Geschichten, die er als Tierarzt erlebt hat. Unter dem Titel *«Ventins e ventatschs da Fex»*, was so viel heisst wie «Leise und starke Winde aus Fex», sind sie im Dezember 2010 in einem Bündner Verlag erschienen. Ob auch eine Übersetzung des Büchleins geplant sei? Die Antwort kommt ohne Zögern und vehement: «Nein! Das wäre wie eine Pflanze, der man die Wurzel abschneidet, eine Schnittblume.»

Ein paar Kostproben ist er dennoch bereit zu erzählen. Etwa die Geschichte von Grevasalvas: «In den späten Siebzigerjahren läutete um zehn Uhr nachts das Telefon. Ein Bauer aus Grevasalvas bat um Hilfe für ein kalberndes Rind. Ich stieg also wieder in die Hose und machte mich im Schneesturm mit Ski und Fellen den Berg hoch. Etwa eine Stunde lang ging das. Und zwar ohne Weg, weil er vom verwehten Schnee ganz zugedeckt war. Oben angekommen, half ich dem Rind, und das Kalb kam auf die Welt. Müde stieg ich im tiefen Schnee wieder hinunter. Kaum war ich wieder zuhause, klingelte das Telefon schon wieder: Diesmal war es der Nachbar des ersten

Bauern in Grevasalvas, der auch Hilfe für seine Kuh benötigte. Ich ging also ein zweites Mal hoch und half, das Kalb auf die Welt zu bringen. Am nächsten Tag hiess es dann: Arbeiten wie immer. An einen freien Tag war nicht zu denken.»

Und die Geschichte vom Steinbock: «In den Siebzigerjahren gab es wenige Steinböcke. Eines Tages rief mich der Jagdaufseher von Casaccia an, er habe einen Bock bei sich, der das Bein gebrochen habe, ob ich vorbeikommen könne. Ich fuhr hin und fixierte das Bein mit einer Konstruktion aus Hartholz und Gips, auf der das Tier stehen konnte. Wir sperrten den Bock in einen grossen Heustall, um ihm den Gips nach sechs Wochen wieder entfernen zu können. Als es so weit war und ich mich gerade auf den Weg nach Casaccia machen wollte, rief mich der Wildhüter an und sagte: Der Steinbock hat den Gips gefressen und liegt tot im Stall. Zuerst glaubte ich ihm nicht. Doch dann sah ich es mit eigenen Augen: Der Bock lag mit geblähtem Bauch da, der Knochen war perfekt geheilt. Wir konnten nicht mal Würste aus ihm machen. Aber wie er es geschafft hat, den Gips zu entfernen, das hat er uns nicht erzählt.»

Seine erwachsenen Kinder hätten das «*Geschribsel*» genossen, erzählt Bivetti. Die Tochter ist Neuropsychologin am Inselspital in Bern, der Sohn lebt derzeit in Zürich und ist in Basel als Ökonom tätig. Wer in spezialisierten Berufen arbeite – mit Ausnahme von Landwirtschaft und Hotellerie –, sei eben gezwungen, in urbane Gegenden zu ziehen, meint der Vater und fügt hinzu: «Ich hatte natürlich einen sensationellen Arbeitsplatz.» Gerade weil er während einer gewissen Zeit im Unterland war, sei ihm das noch bewusster gewesen.

Gereist sind seine Frau und er dennoch gerne. Sieben Mal waren sie in Afrika, mehrmals auch in Südamerika. Aber jetzt geniesse er vor allem die Ruhe, und das bedeute oft, «einen Kampf gegen Termine» zu führen. Untätig darf man sich Bivettis Tage aber nicht vorstellen. Sobald die Sonne scheint, geht er zusammen mit seiner Frau Skifahren. Meist auf Furtschellas oder auf den Corvatsch: «Nach zwei Stunden Fahren werde ich dann müde und beginne, an den Aperitif zu denken.» Gerne ist er auch im Fex, wo er sich vors Haus setzt und die Sonne geniesst. Das aus der Familie stammende Haus in Castasegna hat er sanft renoviert, in den Sommermonaten erntet er im Garten die reifen Tomaten. Ab und zu auch zusammen mit seinem Bruder Gian Duri.

Beide gehörlosen Brüder leben heute selbstständig, und wie Attilio Bivetti meint, mit hoher Lebensqualität. Raduolf ist verheiratet und wohnt im Kanton St. Gallen, Gian Duri blieb Junggeselle und arbeitet als Hochbauzeichner im Fex. Mit ihm spricht Attilio Bivetti Hochdeutsch, da der Bruder gelernt hat, diese Sprache von den Lippen abzulesen. Ausgerechnet Hochdeutsch, nicht Bergaiot oder Romanisch. Attilio Bivetti sieht das pragmatisch: «Nur so kann er mit allen kommunizieren.»

Fiorella Coretti
Wie es isch

Coretti – den Namen habe ich immer wieder auf den Kutschen gesehen, die ins Fextal fahren. Als ich Mitte Juni vor Fiorella Corettis Haus stehe, einem der beiden grossen Bauernhäuser am Dorfeingang von Sils Maria, weiden Pferde auf der Wiese. Ein Plakat am Haus wirbt für die Kutschenfahrt ins Fextal. Clalüna, der andere Grossbauer, befindet sich in unmittelbarer Nähe, auf der anderen Strassenseite.

Fiorella Corettis Wohnung befindet sich im ersten Stock. Sie begrüsst mich in ihrer herzlichen und offenen Art und bittet mich hinein in ihre helle, grosszügige Wohnküche. Die dunkelblauen Schränke und der südlich anmutende Terracotta-Boden vermitteln einen frischen Eindruck. Nein, neu sei hier gar nichts: «Wir haben 1978 gebaut. Aber ich mache gerade *Frühlingsputzete*», erklärt sie. Die Küche ist perfekt aufgeräumt, in der Früchteschale liegen Orangen, Kiwis und Pfirsiche. Die Ablageflächen, Fensterrahmen und der Tisch aus Eichenholz sind Werke ihres Bruders, der Schreiner war. Im Kontrast zur modernen Küche kommen aber auch antike Objekte zur Geltung: Die Lampe über dem Tisch war einst ein Milchsieb aus Holz; im Gestell an der Wand sind alte Holzlöffel aufgereiht. Fiorella Corettis Grossvater hat sie geschnitzt und im Maiensäss oberhalb von Soglio benutzt. Auf einem steht eine Jahreszahl: 1869. Ihre Vorfahren waren Bergeller.

«Geboren bin ich 1930 in Soglio, aber meine Kindheit habe ich nicht dort verbracht. Denn wir zogen im Sommer desselben Jahres ins Fex, nach Vaüglia. Unten bei Laret, wo heute drei Häuser stehen. Damals waren es zwei: das Herrschaftshaus und das der Angestellten. Im vornehmen Haus wohnte Madame Maurizio, eine reiche, kinderlose Bergellerin. Wir, das waren meine Mutter, Barbara Giovanoli, und wir vier jüngeren Kinder. Giovanoli hiess meine Mutter schon vor der Heirat. Der eine Bruder und die beiden älteren Schwestern, von denen die eine fünfzehnjährig war, als ich auf die Welt kam, blieben mit meinem Vater, Gaudenzio Giovanoli, in Soglio. Er kam nur während der Heuernte zu uns, etwa drei Wochen lang. Mehr kam er nicht, wir gingen vielleicht mal zu ihm. Im Sommer musste er in Soglio auf den Maiensässen heuen und misten, und im Herbst musste er während drei, vier Wochen die Kastanien auflesen und in den Hütten dörren. Jeden Tag musste man Rauch machen, damit sie einen guten Rauchgeschmack hatten. Kinder wollten meine Eltern nicht mehr, aber trotzdem: Sie waren immer getrennt. Es war kompliziert, schwierig, wenn man denkt. Unten hatten sie einfach zu wenig Land. Meine Eltern pachteten das Land von Madame Maurizio. So hatten sie einen doppelten Verdienst.

Im Sommer war das Herrschaftshaus vermietet. Wir Kinder spielten dann mit den Kindern der Gäste. *Wie es isch.* Die *Frutaröla* kam mit dem Pferd zu Frau Maurizio, denn sie kaufte viele Früchte, und uns schenkte sie immer etwas davon. Welch ein Genuss! Wir sahen Früchte, die nur *die Besseren* hatten: Orangen und Erdbeeren. Geld hatten wir Kinder keines, ausser wenn wir die Milch austrugen und die Empfänger uns etwas gaben. Wir stritten uns, wer gehen darf. Heute muss man ein Kind fast fragen, welche Schoggi es am liebsten hat.

Mit unserer Mutter mussten wir im Herbst Preisel- und Heidelbeeren suchen. Sie kochte dann Konfitüre für das ganze Jahr. In unserem Garten im Bergell wuchsen Äpfel, Birnen, Johannisbeeren und Kirschen, die gelangten manchmal zu uns. Fleisch assen wir nur sehr selten.

In Soglio hatten wir Geissen und Schafe. Im Sommer waren die Tiere ganz oben, im Maiensäss. Die Schafe waren während einiger Monate mit einem Hirten unterwegs. Im Fex hatten wir Hühner und Kaninchen. Während ein paar Jahren hatte Mama hier auch Geissen, von deren Milch sie Käse machte. Die Milch der fünf Kühe brachte Samuele Prevosti, der Onkel von Tosca, mit dem Ross in die Sennerei nach Sils, ins alte Schulhaus. Er wohnte weiter oben in Ca Nova.

Ich schlief zusammen mit Mama in der Stube, in einem grossen Bett. Wenn Papa da war, schlief ich im kalten Zimmer. Hinter dem Ofen in der Stube ging eine Leiter zum zweiten Zimmer hoch, dort schliefen die Brüder. Fliessend Wasser hatten wir keines. Am Abend mussten wir Kinder Wasser vom Brunnen holen und Holz tragen zum Kochen und um die Stube zu heizen.

Wir sprachen natürlich Bergaiot. Romanisch lernten wir erst in der Schule. Ab der vierten Klasse dann auch Deutsch. Wir hatten diese Sprache nicht im Ohr. *Uah*, was wir Fehler gemacht haben! Mama konnte nicht helfen, *oh dio mio, aber es isch gange*. Wenn es schneite, lud uns die Mutter von Tosca zum Mittagessen ein, ansonsten sind wir mit den Ski auf dem Buckel nach Hause gelaufen. Perevostis waren auch Bergeller.

1945, als ich die Schule fertig hatte, gaben meine Eltern Vaüglia auf. Hier war die Schule besser, sie hatte deshalb extra gewartet. Meine Mutter ging gerne *durab*. Die Winter hier waren lang und hart.

In den beiden letzten Sommern meiner Schulzeit half ich in der Pensiun Crasta ein wenig überall mit und passte auf Ladina, Noldi und Dumeng Giovanoli auf. Im Herbst ging ich nach Zürich, zu Gästen aus der Pensiun Crasta. Es waren Tessiner, und so lernte ich in Zürich-Wollishofen Italienisch. Ich half im Haushalt, *e bitz vo allem,* und am Abend traf ich mich ab und zu mit Mädchen aus Soglio, die auch dort waren. Heimweh hatte ich nur einmal, am ersten Abend in Zürich. Das weiss ich noch genau: Wir sassen beim Znacht, und ich musste weinen und ging hoch ins Zimmer. Aber dann war es wieder gut. *Nei, nei,* Heimweh hatte ich danach nicht mehr.

Im Sommer darauf servierte ich in der Pensiun Willi in Soglio. Im Winter machte ich an der Frauenschule in Chur einen Kurs für Weissnähen. Für Papa habe ich damals viele Hemden genäht. Ich nähe heute noch gerne. Danach machte ich mit Papa und den Geschwistern die Sommerernte: von Soglio aus drei Maiensässe, immer eins höher, etwa einen Monat lang. Im Frühling 1948 fing ich dann in Scuol die Lehre als Verkäuferin an. Das Inserat für die Lehrstelle hatte ich in der Zeitung gesehen. Zwei Jahre arbeitete ich im Usego, einem grossen und schönen Laden. Mit meinem Puter, dem Oberengadiner Romanisch, lachten die mich immer aus, aber dann lernte ich auch Vallader. Danach wollte ich Französisch lernen und ging nach La Chaux-de-Fonds: *Vendeuse, vendeuse!* Im Migros. Ich nahm sogar Ski mit, aber niemand konnte fahren. Meine Freundin dort war Tessinerin. Aber ich lernte trotzdem Französisch. Nach fast einem Jahr ging ich nach Pontresina, arbeitete im Konsum, dann wieder in Soglio, in der Pensiun Willi. Bis ich dann heiratete, 1955.

Rudi Coretti kannte ich aus Soglio, er war zwei Jahre älter als ich. Als ich dort war, lernten wir uns besser kennen. *Wie es isch. (lacht)* Nach der Heirat wohnten wir im Haus meiner Eltern, das zwei Wohnungen hat. Erna und Alice kamen hier zur Welt. Und dann zogen wir 1961 nach Sils. Weil? – Auch wegen dem Land, wie meine Eltern: Die beiden Brüder Coretti hatten nicht genug Land. Einer musste fort. Da sagten wir: Wir suchen etwas. Ich bin gerne hierhergekommen. Wissen Sie: Hier in Sils gehörten die meisten Wiesen Leuten, die selber nichts bewirtschaften. Das ist so.

Wir pachteten Land beim Hotel Alpenrose von Barblan und etliche Stücke von Gabriel. Heute haben wir nur noch Gabriel und Nunzi. Ein Stück konnte mein Mann kaufen. Das Haus haben wir gebaut, das gehört uns. Wir tauschten das Bauland mit der Gemeinde gegen Land in Grevasalvas, das der Familie meines Mannes gehörte. Das war gut für uns. Vieles ist jetzt dort verkauft worden. Mein Mann sagte immer: Was soll ich nach Grevasalvas? Dort sind alles fremde Leute! Wie in Soglio. Es sind auch Leute, nette, aber sie sind nicht von uns, vom Bergell. Sie haben eine andere Mentalität. In Soglio sassen früher nach der Arbeit viele Männer auf den Bänken vor den Häusern und unterhielten sich

übers Heuen, Wetter und Tiere, vielleicht auch über Frauen. Die Heuer, die *Tschingge,* blieben unter sich. Das gibt es alles nicht mehr. Das ist vorbei und vergessen. Abends kamen etwa hundertfünfzig Geissen von der Weide ins Dorf hinunter, auf den Platz vor dem Hotel. Die Hotelierfrau kam mit dem Besen, damit sie nicht gerade vor dem Haus geschissen haben. Die Gäste hatten ein *u Gaudi*, das ist alles verschwunden. Schade. Aber das ist nicht nur in Soglio so, das ist überall so in den kleinen Dörfchen.

Als wir nach Sils kamen, wohnten wir zuerst in einer

Wohnung im Haus Fonio, gegenüber von Schulze. Ein Stall war hinter dem Haus, der ist heute ausgebaut, ein zweiter Stall war da, wo heute das Café Survial steht – abgerissen und ade. Meine dritte Tochter und mein Sohn kamen hier auf die Welt. In Sils hatte es kaum Bergeller, die waren im Fex. Aber nebenan wohnte Wilma Rominger. Sie ist Puschlaverin. Wir hatten das schönste Leben! Was wir eins zusammen waren! Meine Kinder gingen zu ihr, ihre kamen zu mir, wir gingen zusammen Skifahren. 1978 mussten wir ausziehen, denn die Damen wollten keine Kühe mehr ums Haus. *Wie es isch. Puure sind spezielli Lüt.* Kühe hatten damals Godly, Gilly, Bräu, Nunzi, Ganzoni und wir. Etwa zehn Stück Vieh, heute haben wir vierzehn Kühe.

Mein Mann konnte nicht Skifahren, also probierte er es mit Kutschenfahrten als Zusatzverdienst. *Im Winter mues me öppis mache!* Anfang der Siebzigerjahre fing er mit einem grau-weiss-schwarz gescheckten Pferd an. Im Januar lief fast nichts, vielleicht ein Tag. Und heute läuft es im Januar fast am besten. Zuerst kutschierte er selber, jetzt sind es fünf Kutscher. *Portugallo,* früher waren es Tiroler.

Wir bauten das Haus, drei Wohnungen: Oben eine Ferienwohnung, unten wohnt mein Sohn mit seiner Frau und seinen drei Buben.»

Vom Küchentisch schweift der Blick zur Margna, zum Hotel Waldhaus und zur Villa Spitzer. Bevor das Quartier Seglias gebaut wurde, sahen Corettis ins Dorf, zur Kirche und zum Hotel Schweizerhof. Nicht nur die Sicht habe sich verändert, auch der Verkehr. Die Strasse vor dem Haus sei, seitdem die beiden Dorfteile durch eine Barriere getrennt sind, deutlich stärker befahren, meint die Gastgeberin.

Im Gestell an der Wand liegt neben den geschnitzten Holzlöffeln ein roter Lederbeutel mit gestickten Blumen. Mit Goldvreneli gefüllt, gehörte er einst dem Landammann in Soglio, einem Verwandten aus der Familie ihres Mannes. Über dem Sofa in der Stube hängt ein verblasstes, in Arvenholz gerahmtes Poster von Soglio. Von Fiorella Corettis Verwandten leben dort noch ihre Cousine, ihr ältester Bruder, der jetzt 91 ist, und dessen Frau. Den Garten hat sie noch, aber ohne eigenes Auto sei Soglio weit weg. Die drei Töchter leben in Brüttisellen, Chapella bei S-chanf und in Scuol. Mit sechs von sieben Enkeln spricht Fiorella Coretti romanisch. Ihre Schwiegertochter, die im Haus wohnt, stammt aus der Lenzerheide. Letztes Jahr starb ihre Freundin Pierina Nunzi: «Jetzt kann man in Sils nicht mehr *bergellere*.»

Während unseres Gesprächs sagt Fiorella Coretti immer wieder: «Aber das müssen Sie nicht aufschreiben.» Als wir anschliessend einen Tee trinken, möchte sie nochmals genau wissen, was ich mit dem Stoff, den sie mir erzählt hat, vorhabe. Ich erkläre ihr meine Idee, worauf sie aufsteht und ein Buch holt: Lebensgeschichten bekannter Frauen über achtzig. Doch, sagt sie, das sei interessant. Mit Tosca Nett tauscht sie ab und zu Bücher aus.

Vor acht Jahren starb ihr Mann an einem Hirnschlag. Bei der Arbeit im Stall. An der Wand hängt eine Bleistiftzeichnung mit einer Pferdekutsche und einem Zweispänner. Fiorella Coretti hat sie in der siebten Klasse gezeichnet. Damals konnte sie nicht ahnen, dass Pferdekutschen ihm Leben ihres künftigen Mannes eine wichtige Rolle spielen würden. Seit seinem Tod hat sie zusammen mit einer Tochter etliche Reisen unternommen: in europäische Städte, immer nur für wenig Tage. Früher ging sie auch oft wandern. Mit den Kindern war sie etwa auf der Fuorcla Surlej, auf dem Muott'Ota und beim Lej Sgrischus. Vor fünfzehn Jahren führte sie ihre letzte Tour mit ihrer Tochter und ihrem Bruder von Juf nach Casaccia.

Zuhause höre ich unser Gespräch nochmals ab. «*So isch es*», sagt Fiorella Coretti da zum Schluss: «*I bin zfride mit minem Lebe.*»

Gian Pol Godly
Nach Kanada war ich hier auf eine Art fremd

Tages- und Nachtzeiten, in denen er nicht im Stall ist, scheint es kaum zu geben. Sein Velo steht während Stunden an die Stallmauer gelehnt, auch nachts, wenn die Dorfstrasse menschenleer ist. Im kleinen Fenster brennt dann Licht. Gian Pol Godly arbeitet im eigenen Rhythmus. Oder in dem seiner Tiere, auf jeden Fall sind ihm zeitliche Einschränkungen jeglicher Art fremd. Seit sein Bruder mit Bauern aufgehört hat, führt er den letzten Kleinstall von Sils, den seine Eltern 1928 der Familie Salis abgekauft haben.

Als ich ihn im Januar fragte, wann er Zeit für ein Gespräch hätte, lächelte er charmant und sagte: «*Eigentlich niä.*» Schliesslich rang er sich durch: «Im Frühling.»

Jetzt ist es Anfang April, nach sechs Uhr abends. Das Velo ist da. Spontan beschliesse ich, wieder einmal hineinzuschauen. Gian Pol Godly ist gerade daran, die Schoppenmilch für die beiden Kälber auf vierzig Grad zu temperieren. Anni und Alma stehen, abgetrennt von den drei Kühen und drei Rindern, in ihren Boxen und machen sich lauthals bemerkbar. Gian Pol Godly schmunzelt: «Sie haben Hunger.» Bevor sie stürmisch am Schoppen saugen, muss die aufgewärmte Milch um wenige Grade abkühlen. Rätia ist bereits am Trinken, vor der Kuh steht ein Eimer mit eben gemolkener Milch, während Zara die liegende Zina unermüdlich ableckt –, die beiden Rinder scheinen sich selbst ganz zu genügen.

Den Melkstuhl aus Arven- und Lärchenholz hat er selber gemacht, darauf eingeritzt: «1996, J.P.G.» Die Milch gäbe er nur noch «hobbymässig» ab, erzählt er, während er einen Kessel auswäscht. Verona liefert noch fünfeinhalb Liter Milch am Tag. Schon ihre Urgrossmutter war in diesem Stall. Im Sommer kommen die Tiere auf die Alp Fex. Beiträge erhält er keine mehr.

Gian Pol Godly weiss viel über sein Dorf. 1948 habe es

23 Kleinbetriebe gegeben. «In Krisenzeiten hatten alle Kühe», erzählt er, während er dazu übergeht, den Boden zu schrubben. «Sogar der Lehrer hatte eine!» Übrigens, in Sils fehle eine ganze Generation, die vor dem Ersten und nach dem Zweiten Weltkrieg in die Städte oder ins Ausland abgewandert sei. Die personelle Lücke wurde zwar mit Zuwanderern geschlossen, allerdings: «Die waren keine Bauern.» Bäuerlich sei die Gegend ohnehin nie gewesen: «Das Engadin war immer eine Handelsstrasse. Zwar gehörte zu jedem Haus ein Stall, aber viele verdienten mit dem Transport von verschiedenen Gütern, mit dem Unterhalt der Wege und an Strassenzöllen. Das geflügelte Wort ‹Vom Bauern- zum Tourismusdorf› stimmt in diesem Sinne nicht. Die andere Geschichte und Kultur zeigt sich auch im imposanten Charakter der Dörfer: Zuoz, Samedan, das waren echte Zentren.»

Zugezogen war auch die Familie Godly aus Bergün. «Meine Grosstante heiratete in Zuoz einen Lehrer. Ihr Bruder, Paul Godly, war Buchhalter für die Mühle von Silvaplana. Er heiratete die Tochter der Wirtsleute und Pächter des damaligen Hotel Wildenmann, des heutigen Julier Palace. Als die Liegenschaft verkauft wurde, erwarben meine Grosseltern eines der Castelmur-Häuser in Sils Baselgia, die heutige Pensiun Chastè.»

Die Zeit ist verflogen. Als ich mich im Dunkeln auf den Heimweg mache, riecht meine Jacke nach Stall. Beim Abschied wollte ich wissen, wann er mir aus seinem Leben erzählen wird, schliesslich sei doch jetzt Frühling. Gian Pol Godly lachte übers ganze Gesicht: «Frühling heisst für mich Ende Mai, wenn das Vieh auf die Weide geht.»

Ein paar Tage später sehe ich ihn am Sonntagnachmittag vor dem Stall an der Sonne sitzen. Stille. Nicht mal ein Vogel ist zu hören. Im unteren Teil der von Schnee bedeckten Wiese steht ein zauberhafter Holzturm, der Anfang des letzten Jahrhunderts in Pontresina als Baubaracke gedient hatte. Gian Pol Godly scheint ganz bei sich zu sein. Wie ein Mönch bei der Meditation.

Anfang Juni sitzen wir in der Pensiun Chastè, in der Stube seiner 1990 verstorbenen Tante, Annigna Godly. Der kleine Raum mit Blick gegen den See wird kaum benutzt. Gian Pol ist 1936 in diesem Haus geboren.

«Mein Vater arbeitete in der Landwirtschaft, seine Schwester in der Gaststube. Als mein Vater heiratete, wurde es für unsere Familie zu eng. Wir pachteten im Haus von Andrea Jäger, dem heutigen Nunzi-Haus, eine Wohnung mit Stallanteil und Wiesland. Für mich war das die schönste Zeit meiner Kindheit, als die Familie für einmal unter sich war. Vorher und nachher hiess es jeweils: Geschäft ist Geschäft.

Meine Tante übernahm nun die Chastè. Uns Kinder verhätschelte sie natürlich. Sie gab mir Kastanien. Einmal, so sagte sie, hätte ich während eines Winters 25 Kilo gegessen. Die Gäste kannte ich, aber ich war scheu. Ich gab beispielsweise nicht gerne die Hand.

Es waren magere Jahre, die Kriegsjahre. Alles war auf Sparflamme, bei allen. Das hatte Auswirkungen auf das Zusammenleben. Vielleicht wurde weniger gestritten. Mir ist diese Zeit in guter Erinnerung geblieben.

1947 kauften wir in Sils Maria die Häuser, die wir heute noch besitzen: die ‹Marchetta› und die Pensiun Andreola. Meine Eltern waren damals schon in einem fortgeschrittenen Alter: Meine Mutter war 53, mein Vater 49. Beide waren Schaffer. Die Mutter wollte zeigen, was sie kann. Sie machte alles. Ging sogar in den Stall, wenn der

Vater als Bergführer und Skilehrer auf Touren war. In der ‹Marchetta› kochte sie, machte die Zimmer, nähte und wusch. *Es isch en Krampfgsi.*

Als Kind wollte ich Schreiner werden. Nach der Primarschule wäre ich gerne Büchser geworden, Waffenschmied. Für meine Mutter kam das nicht in Frage. Ich kam nach Chur in die Kantonsschule. Aus Sils war noch Gaudenz Cabelli dort. In der vierten Klasse trat er aus dem Gymnasium wieder aus und lernte Bauzeichner. Ich tat es ihm gleich. Und wir stifteten beide in St. Moritz. Im ersten Jahr erhielt ich monatlich sechzig, im dritten hundertzwanzig Franken, einen Toplohn, und zwei Wochen Ferien.

Während hier *Hüüsli und Villeli* gebaut wurden, ging ich nach der Lehre und der RS fort. Zuerst rund ein halbes Jahr zu Duri Barblan, einem Silser, der in Klosters ein Architekturbüro führte. Danach, 1957, erhielt ich eine Stelle in Basel, in einer Riesenbude mit vierzig Angestellten. Damals war Mangel an Leuten in allen Sparten, man verdiente gut. Ich wohnte in einem *Pensiönli*, das ein Ehepaar führte. Kost und Logis hatten wir zu sechst, aber zu den Mahlzeiten marschierten etwa zwanzig Leute auf. Es war eine lustige Gesellschaft. Im Büro waren auch viele Deutsche, die Basler nannten sie verächtlich ‹Schwaben›. Nach zwei Jahren zog ich weiter in ein kleines Büro nach Thun, und anschliessend nach Burgdorf ans Technikum, wo ich im Frühling 1963 das Diplom als Hochbauzeichner machte.

Für die Expo '64 arbeitete ich bei ‹Zweifel und Strickler› in Zürich. Zusammen mit Fred Gränicher, den ich vom Technikum kannte, besuchte ich in dieser Zeit einzelne Seminare an der ETH über Wohnungs- und Siedlungsbau. Das Technikum war näher an der Praxis, uns fehlte der Aufbau, den die anderen Studenten hatten.

Ich finde noch heute: Architekten haben einfach das Gefühl, sie hätten eine Mission. Das gibt oft falsche, teure Lösungen. Damals merkte ich aber auch, dass ich in die Jahre kam.

Ich wollte nach Kanada auswandern. *Im dreissigsten Altersjahr bin i dure.* Kanada ist urchig, währschaft. Man ist freier als hier. Es ist ein grosses Land mit einer anderen Mentalität. Die Einwanderungspraxis war ausserdem einfacher als für Amerika. Man brauchte ein Visum, danach interessierte sich niemand mehr für einen. Damals sagte man: Wenn einer länger als zwei Jahre bleibt, kommt er nicht mehr zurück.

Ich flog im Juli 1966 von Zürich nach Montreal. In meinem Beruf, als Techniker, fand ich *kei Büez*. Ich begann also bei einem Shipping-Versand zu arbeiten, wo Lampen zusammengesetzt wurden: *modern style* und *old fashion*. Ich erhielt fünfzig Dollar pro Woche. Der Boss hiess Hofmann. Nach drei Wochen gab er mir eine Lohnaufbesserung: *You do a good job!* Ich wohnte in einer Absteige im Stadtzentrum, am Anfang noch zusammen mit einem Napolitaner, der mit mir gereist war. Bald aber war ich alleine, unter lauter Emigranten.

Eines Tages erhielt ich einen Brief von meiner Tante Annigna: Ich solle mich beim Architekten Gantenbein melden, der für den Schweizer Pavillon an der Expo' 67 in Montreal zuständig war. Ich tat das und erhielt tatsächlich eine Stelle als *Draftsman* in einem Büro, wo auch viele Exoten aus England und Indien arbeiteten. Alles war auf Englisch. Als die Expo vorbei war, fuhr ich mit einem Australier im Auto nach Toronto und von dort quer durch die Staaten. Dann wieder hinauf nach Montana, Alberta, bis nach Calgary, wo ich wieder eine Stelle erhielt, bei Abugof & Sunderland, einem Architekturbüro. Danach arbeite ich in Edmonton, aber dort ging schon bald die

Arbeit aus, und so zog ich nach Vancouver. Im Winter 1969 machte ich in Sils einen Besuch. Wir lösten den Laden in der ‹Marchetta› auf. Nach ein paar Wochen ging ich wieder nach Vancouver, arbeitete dort bei einem guten Architekten. Nur: In diesen Büros gab es viel zu viele Leute. Ich wurde entlassen, hatte aber sofort eine neue Anstellung. In dieser Zeit traf ich einen Schweizer, den ich früher kennengelernt hatte. Ursprünglich war er Metzger, aber nun studierte er Wirtschaft an der Simon Fraser University. Mich reizte das auch, und ich begann zu studieren, was mich interessierte: *PSA – Politics, Sociology and Anthropology.* Und Statistik. Zwei Semester. *Und dänn bin i öppe hei kho.* 1972.

Man wusste nicht, was mit der Pensiun Chastè passiert, jemand musste die Häuser in Ordnung bringen, die Eltern waren schon alt, die Landwirtschaft war für meinen Bruder alleine zu streng. Sagen wir so: Es brauchte einen Mann, der sich um die Liegenschaften kümmerte, der das Ganze nach aussen hin repräsentierte. Zwischendurch zeichnete ich Pläne, kleinere Aufträge.

Wenn man nach sechs Jahren zurückkommt, ist man auf eine Art fremd. Viele meiner ehemaligen Schulfreunde waren mit ihrer Familie abgewandert. Eine Zeitlang schrieb ich noch den Freunden, die ich in Kanada kennengelernt hatte, dann verliefen sich diese Kontakte. Aber ich gliederte mich dann doch relativ schnell wieder hier ein.

Die Stellen in den Gemeindebehörden sind schwirig zu besetzen. Wenn man beschliesst mitzumachen, hat man sofort *es Ämtli*. Ab 1976 war ich neun Jahre im Gemeindevorstand und drei Jahre im Präsidium. Damals ging es um die Nutzungszonen in ganz Graubünden, in Sils insbesondere um die Erschliessung der Grossparzellen. Entlang der Feldsträsschen war ursprünglich Bauzone: Das hätte eine Streusiedlung gegeben. Das wollte man nicht. Also sagte man: Ein bestimmter Prozentsatz der ganzen Silserebene ist Bauland. Wer nicht bauen darf, wird entschädigt. *Es sind rechti Hoselüpfgsi.*

Vor der Pensiun Chastè hat es heute beispielsweise ein Stück Bauland, auch Stall und Umschwung sind im Dorfkern. Und natürlich auch die drei Ställe der ‹Marchetta›, ‹Andreola› und der neue Stall. Wir machen da nicht mehr viel. So wie wir diese Häuser betrieben haben, wird es künftig kaum mehr möglich sein. Aber das kümmert uns nicht mehr.

Im Moment beschäftigt uns, was mit der Pensiun Chastè geschehen wird. In meiner Kindheit war es ein Landgasthaus, die Post lag gleich daneben, meine Tante sass am Ofen. Zweimal am Tag wurde gekocht, und die Gäste, die spazieren gingen, erhielten ein Lunchpaket. Abends sassen die Gäste in der Stube oft *a carbona,* sprich, weit über Mitternacht hinaus. Das war schon Tradition, als noch meine Grosseltern lebten.

Die Angestellten gehörten sozusagen zur Familie, das strahlte eine gewisse Wärme aus. Das Haus war von Anfang Juni bis Mitte Oktober voll. Auch das ist anders geworden: Stammgäste kommen heute immer weniger. Es waren andere Zeiten. Der Druck von rundum ist gestiegen, die letzten Geschäftsführer schauten, was die anderen machen.

Geändert hat sich hier aber auch viel anderes: Vor fünfzig Jahren war Sils romanisch. Heute findet man kaum mehr jemand, der romanisch denkt und spricht. Das ist im ganzen Oberengadin so. Wenn es keine gemeinsamen Erinnerungen gibt, isoliert man sich ein wenig.

Landwirtschaft hatte ich immer gerne. Ich half beim Heuen, wenn mein Bruder in den Ferien war oder wenn wir das Feld bestellten. Als mein Bruder immer mehr abgab und schliesslich aufhörte, übernahm ich den Stall. Verkaufen wollten wir nicht, also dachte ich: Das gehört jetzt einfach dazu. Am Anfang war es schon streng. Gewisse Dinge habe ich dann ein wenig zurückgesetzt. Und jetzt muss ich schauen, dass wir die ‹Chastè› wieder auf Vordermann bringen.»

Ende Juni, am letzten Tag meines Aufenthalts, treffe ich Gian Pol Godly bei der Bushaltestelle vor der Kirche San Lurench. Statt der Wintermütze trägt er einen weissorangen Sonnenhut. Die Kühe sind seit wenigen Tagen auf der Heimweide, auf der gegenüberliegenden Seite der Hauptstrasse. Am ersten Tag, erzählt er, habe ihm Gianni geholfen, der jetzt in der ‹Chastè› kocht, wie bereits vor vielen Jahren in der Pensiun Andreola.

Die Autos aus Richtung St. Moritz kommen mit hoher Geschwindigkeit. Alle Kühe wieder heil in den Stall zurückzutreiben, ist kein leichtes Unterfangen. Gian Pol Godly gelingt es jeden Abend aufs Neue. Er melkt und schrubbt die Tiere mit Engelsgeduld und putzt immer wieder den Boden. Das blaue Tigra-Velo steht dann angelehnt an der Stallmauer, und im Vorbeigehen weiss ich: Er ist da.

Tosca Nett
Die Molkerei war dort, wo heute
die Bijouterie ist

Am Volg vorbei führt ein breiter Weg zum Quartier Seglias, einer Ansammlung von Ferienhäusern, die Ende der Siebziger- und Anfang der Achtzigerjahre im Engadinerstil gebaut wurden. Am Ende des Weges liegt die Chesa Enrico. Tosca Nett Prevosti ist 1988 zusammen mit ihrem Mann in die geräumige Dreizimmerwohnung eingezogen. Seit seinem Tod ist die vitale Achtzigjährige die Einzige, die das Haus nicht als Ferienwohnung, sondern das ganze Jahr über bewohnt.

Als ich sie Anfang Februar besuche, zieren bereits Tulpen die Stube. Auf dem Esstisch, an dem wir uns unterhalten, verbreitet eine Hyazinthe ihren Geruch. Die Gastgeberin beginnt zu erzählen, sprudelt wie ein Bergbach.

«Agostino Prevosti, mein Grossvater, war Bauer in Vicosoprano. Meine Grossmutter, Catharina Grass aus Lavin, war vor der Heirat dort Posthalterin. Der eine Bruder meiner Grossmutter ist nach Bari ausgewandert und hat dort zusammen mit Freunden aus Sent das Café Stupani eröffnet, welches noch heute in der fünften Generation besteht. Der andere Bruder ging nach Ägypten und betrieb dort Tabakplantagen, bis Nasser ans Ruder kam. 1925 kaufte mein Grossvater ein Bauernhaus in Sils Maria. Meine Eltern bauten es dann um und gründeten die Pensiun Post, das heutige Hotel Post.

Mein Vater, Fabio Giovanni Prevosti, besuchte bis zum Ausbruch des Ersten Weltkrieges ein Internat in der Nähe von Rapperswil. In den Sommerferien, von Juni bis Oktober, half er mit bei der Landwirtschaft im Fextal, wo meine Grosseltern ein Bauernhaus besassen. Nach dem Krieg besuchte er seine beiden Onkel. In Bari war er sogar für fünf Jahre – dass ich Tosca heisse, hat mit seinem Flair für Italien zu tun. Danach kam er zurück nach Sils

Maria, wo er meine Mutter kennenlernte, Rosa Janka aus Obersaxen, die hier auf der Post arbeitete. Meine Eltern heirateten 1928 und gründeten ein Lebensmittelgeschäft und die Pensiun Post. Ich kam 1930 zur Welt, mein Bruder zwei Jahre später. Mit uns beiden sprach meine Mutter zuhause deutsch.

Meine Eltern errichteten im ersten Stock des Hauses ein Restaurant und vermieteten Zimmer. Damals haben alle im Dorf Zimmer vermietet. Hinter dem Haus befand sich der Heustall, den mein Vater später zum Speisesaal ausbaute.

In die fünfte bis achte Klasse ging ich zu Lehrer Gartmann. Er war sehr streng und bekleidete viele Ämter. Er war eine Respektsperson. Einmal schrieb ich das Wort vielleicht mit nur einem L, worauf ich das Wort hundert Mal schreiben musste – er zählte nach. In meinem Jahrgang waren wir vier *Meitli* und drei Buben. In der Pause gingen wir im Winter hoch zum ‹Waldhaus› und schlittelten hinunter.

Im Februar fand für uns Kinder im Fex jeweils ein Skirennen statt. Anschliessend gab es im Hotel Sonne Ovomaltine und Kuchen, Jahr für Jahr gespendet von einem Gast. Von Vaüglia sind wir mit den Ski jeweils zwei, drei Male bis zur ‹Alpenrose› hinuntergefahren.

Der grosse Wintertourismus kam erst mit der Eröffnung der Corvatschbahn Anfang der Sechzigerjahre. In meiner Kindheit waren die Touristen mehr im Sommer da. Wir hatten viele langjährige Gäste, die bis zu vier Wochen blieben. Als Kind half ich im Hotel und im Geschäft. Als ich fünf oder sechs Jahre alt war, erhielt ich vom Bundesrat Minger fünf Franken Trinkgeld – *hei ei ei!* – und ein Küssli. Auch brachte ich den Villenbesitzern mit dem *Wägeli* oder dem Rucksack Lebensmittel ins Haus. Wenn es zwanzig Rappen Trinkgeld gab, war man zufrieden. Einer Frau aus Zürich, die nie etwas gab, machten mein Bruder und ich einmal einen Riss in den Liegestuhl. Sie hatte ihn vor unserem Laden aufgestellt, und als sie sich wieder hineinsetzte, landete sie auf dem Boden. Mein Vater hat nie geschimpft mit uns.

Streiche gespielt haben wir auch Andrea Robbi. Der heute bekannte Maler war unser unmittelbarer Nachbar. Er ging damals tagsüber nicht mehr aus dem Haus, nur noch in der Nacht. Meine Mutter kochte ihm das Essen, und ich brachte es ihm. Ich rief nur: ‹Das Essen ist da!› Dann lief ich schnell wieder weg. Ich hatte Angst vor ihm, denn wir Kinder spielten ihm manchmal übel mit. Wir riefen ihn etwa laut bei seinem Namen, worauf er schrie und im Stall Holzscheite an die Wand schmiss. Bei Vollmond schauten wir durch sein Kellerfenster und sahen, wie er auf den Knien vor angezündeten Kerzen umherrutschte. Sobald wir klopften, wurde es dunkel.

Eine andere Welt erlebten wir auch bei Spitzers, jüdischen Bankiers aus Paris. Sie waren gute Kunden meines Vaters. Olga Spitzer wohnte im Sommer mit Personal in der Villa Spitzer. Spitzers kauften wöchentlich für siebenhundert Franken ein: Fleisch, Spirituosen und Gemüse. Besondere Wünsche brachte ein Usego-Wagen aus dem Unterland.

Ich war etwa sieben Jahre alt, als die Köchin von Olga Spitzer meine Mutter fragte, ob ein Mädchen mit mir spielen dürfe, das für ein paar Tage in Sils zu Gast sei. Dem Mädchen sei es langweilig. Der Chauffeur brachte das Mädchen, und wir spielten hier. Sie lud mich dann auch zum Tee ein, aber es kam nicht mehr zum Besuch, denn plötzlich sagte das Mädchen, sie müsse sofort abreisen. Zum Andenken schenkte es mir eine kleine Porzellanvase. Erst Jahrzehnte später realisierte ich anhand von Fotos im Nietzsche-Haus, dass das Mädchen Anne Frank war. Das Abschiedsgeschenk, das sie mir gegeben hat, schenkte ich dann dem Nietzsche-Haus.

Die Molkerei war dort, wo heute die Bijouterie ist. Als Kinder sind wir in den Keller hinuntergegangen und haben beim Käsen zugeschaut. Manchmal gab es für uns ein wenig Rinde. Als der Senn dann in den Militärdienst musste, vertrat ihn Frau Schünemann aus dem Fex.
Während des Krieges war das Brot rationiert. In der Conditorei Schulze gab es Kartoffelbrot. Gut war das nicht. Wir assen immer schwarzes Roggenbrot. Der Käse, den wir in unserem Geschäft verkauften, kam aus dem Bergell und aus anderen Regionen der Schweiz. Die Kundschaft kam aus Sils, Isola und dem Fex. ‹Frau Prevosti, haben Sie nicht noch ein Pfund Zwiebeln?›, und das auch am Sonntag. Öffnungszeiten gab es keine.»

Wenn man wolle, dass ein Dorf einen Laden habe, müsse man ihn unterstützen und nicht nur Grosseinkäufe in St. Moritz tätigen, meint Tosca Nett Prevosti. Seit der Volg nach Seglias verlegt wurde, begegnet sie wieder mehr bekannten Gesichtern als früher. Ansonsten sei es hier eher tot. Geschlossene Fensterläden und kaum ein Licht: «Man sieht niemanden. Früher war das anders: Man traf sich auf der Post, es gab eine UBS, und die Kantonalbank hatte andere Öffnungszeiten als heute. In den Läden konnte man länger schwatzen. Und bevor alle mit dem Auto unterwegs waren, ging man, wenn man sich traf, noch ins ‹Marmotta› etwas trinken.»
Richtige Geschäfte gebe es aber auch in St. Moritz immer weniger: «Wollladen, Schuh- und Kleidergeschäfte und Coiffeur: Alles wird zur Boutique mit Filiale in Mo-

naco.» Einmal musste Tosca Nett Prevosti in einem Kleiderladen in St. Moritz eine Viertelstunde warten, bis sie bedient wurde: «Mir hat das abgestellt, und ich sagte dem Besitzer: *Jetzt gang i hei und kume wieder mit minem Pelzmantel.*»

«Während des Krieges residierte die Kronprinzessin Cecilia mit ihrem Butler in der Mira Magna, einer Villa, die dem Bürgermeister von Heidelberg gehörte. Die Kronprinzessin war eine korpulente, sehr nette Frau. Vor Weihnachten kam sie zu meinem Vater ins Geschäft und bestellte fünfzig ‹Liebesgaben› – Pakete für das Personal ihres Gutes in Deutschland. Ihre Schwester war die Königin von Dänemark. Später ging sie dorthin zurück, und

ihr Mann kam, in Begleitung des Herrn Hofrats, welcher gute Einkäufe bei uns machte. Er kaufte jeden Tag eine Flasche Cognac, und es hiess, in der Villa wohne auch eine ‹durchsichtige Frau›, die wir als Kind aber nie sahen. Den Namen hatte sie erhalten, weil sie ein Nachthemd aus Nylon trug. Einmal *schlittlete* ich den Weg hinunter und warf den Hofrat um, worauf er mir den Hintern verhaute.

Josef Maesching, den katholischen Pfarrer, mochten wir. Der Deutsche aus Köln hatte ein gutes Verhältnis zum protestantischen Pfarrer. Am Sonntag sahen wir jeweils die Schwestern Sciucchetti, ganz in Schwarz gekleidet, auf dem Weg von ihrem Haus im Fex nach St. Moritz, zur katholischen Kirche. Als die letzte der fünf ledigen Frauen gestorben war, fand man – so wurde es erzählt – all ihr Geld unter der Matratze.

Mit sechzehn schnitt ich meine Zöpfe ab und ging mit Dauerwellen nach Chur auf die Töchterhandelsschule, wo ich eine der wenigen Auswärtigen war. Nach Sils kam ich während dieser drei Jahre nur an Weihnachten, Ostern und in den Sommerferien. Bei der Familie, bei der ich in Pension war, gab es kein Telefon, aber ich hatte nie Heimweh und zum Schreiben gar keine Zeit. Von Chur ging ich für drei Monate nach Neuchâtel, aber dann bekam ich die Masern und musste die École supérieure de commerce abbrechen. Zuhause wurde ich wieder gesund.

Im Jahr darauf, 1950, erhielten wir fliessendes Wasser, und ich fuhr nach London, an die Swiss Mercantile School. Das war eine wunderschöne Zeit: Ich ass viel *Potatoes* und *Cauliflower* und nahm zehn Kilo zu. Da ich auf dem Land wohnte, musste ich jeden Tag mit dem Zug eine Stunde hin- und zurückfahren. London war noch immer ziemlich zerstört, und es gab damals schon viele Inder. Englisch verstehe ich heute noch.

Wieder in Sils, arbeitete ich zuerst bei uns im Hotel, dann in weiteren Hotels in Celerina, Adelboden, Arosa und Davos.

Im Restaurant meiner Eltern lernte ich eines Tages meinen Mann kennen. Schimun Nett war Kantonspolizist und gerade in Silvaplana als Ablösung eingesetzt. Nach unserer Heirat 1955 lebten wir zuerst in St. Peter, dann in Davos und kamen 1965 nach Sils zurück, wo wir die Pensiun Post übernahmen. Ein paar Jahre später lösten meine Eltern das Lebensmittelgeschäft auf.

In den Siebzigerjahren kam aus Princeton eine bescheiden gekleidete, etwa sechzigjährige Frau jeden Sommer und Winter zu uns ins Hotel. Ein Naturmensch: Sie mochte Vögel und lief immer von Celerina, wo sie auch Gast war, nach Sils. Als sie einmal Nasenbluten hatte, half ich ihr mit kalten Kompressen, und sie legte sich hin. Sie bedankte sich sehr. Im Jahr darauf brachte sie mir ein Eau de Cologne namens Tosca. Ihr Name war Margot Einstein, die Stieftochter von Albert Einstein. ‹Er war sehr streng mit uns›, sagte sie einmal.

Das Hotel Post führten mein Mann und ich bis 1988. Jetzt hat es mein Sohn übernommen.»

Auf dem Esstisch liegt ein Zeitungsartikel über den Plan einer neuen Strasse durch Sils Baselgia, damit der Verkehr im Falle einer Lawine nicht unterbrochen wird. Ein Unfug sei das, meint Tosca Nett Prevosti. Es gehe nur ums Geld: «Die italienischen Arbeitskräfte im Engadin dürfen keinen Arbeitstag verpassen, und es kann wieder gebaut werden.» Überhaupt das Bauen: «Jetzt reicht es. Es hat genügend Häuser, leerstehende.»

Im Oberengadin wird das romanische Idiom Puter gesprochen. Doch die Sprache geht immer mehr verloren. Die künstliche gemeinsame Schriftsprache ist für Tosca Nett allerdings keine Alternative. Als sie kürzlich die Steuererklärung statt auf Deutsch auf Rumantsch Grischun erhielt, hat sie diese zurückgeschickt: «Sonst muss ich noch mit dem Dictionnaire dahinter.»

Über dem Cheminée stehen Bilder ihrer Enkel. Auf einem der Fotos posiert eine Schulklasse. Jedes der Kinder hält ein Blatt Papier mit einem grossen Buchstaben. Zusammen bilden die Blätter die beiden Wörter ‹Grazie Tosca›. Als eine der Enkelinen in Guatemala Freiwilligenarbeit leistete, gab ihr Tosca Nett Prevosti Geld, um den Kindern einen Ausflug in die Stadt zu ermöglichen. Daneben liegt eine Postkarte aus Indien. Der Enkel, der sie geschickt hat, studiert in Tokio Architektur. Und am Morgen kam eine SMS von der Tochter aus Neuseeland. «Ich weiss dann, wo sie ist, und schaue auf der Karte nach», sagt Tosca Nett Prevosti. Natürlich hat sie auch zurückgeschrieben. Sogar mit Umlauten – ihre Enkelin hat ihr gezeigt, wie man sie findet.

Oscar Felix
Die Jagd war meine Ferien

Die Haustüre ist offen. Ich trete ein und mache mich bemerkbar. Niemand antwortet. Als ich die Treppe hochgehe, kommt mir Corina Felix entgegen. Doch, ihr Mann sei da: «Sie finden ihn unten in der Werkstatt.» Tatsächlich, Oscar Felix ist gerade daran, im hinteren Teil des Raumes Holzbrettchen zuzuschneiden, an denen er Geweihe festmachen wird. Der 78-jährige Schreiner und ehemalige Pistenchef trägt eine grüne Fischerhose, darunter ein kariertes Hemd. Sein dichtes weisses Haar steht in alle Richtungen ab, und die Heiterkeit in seinen Augen öffnet dem Gegenüber das Herz.

In der Werkstatt herrscht perfekte Ordnung. Einige Möbel und Objekte stehen abholbereit, darunter ein Kindertisch mit kleinen Stühlchen aus Arvenholz und zwei Schalen fürs Schneiden mit dem Wiegemesser, eine Bestellung der Nachbarin. Wir befinden uns im ehemaligen Stall. Aber das erfahre ich erst oben, am Stubentisch, wo wir uns an diesem schönen, aber kalten Aprilnachmittag hinsetzen.

Oscar Felix hat sein Leben lang in der Chesa Pignola gewohnt. Wo sich heute die Stube befindet, war früher der Heustall. Die alte Stube ging auf die Strasse hinaus, das Wasser holte man mit dem Kupferkessel bis 1947 am Brunnen vor dem Haus. Elektrisch gab es keines. Am besten, er zeige mir den alten Hausteil, meint der Gastgeber. Ich folge ihm in den geräumigen Korridor, wo alte Kuhglocken hängen. Der *sulèr* lag immer gegen die Strasse hin. Die Kühe betraten ihn mitsamt Heuwagen über eine Rampe, die vom Stall hochführte. «Eine Kuh, die Pincha, ging sogar die Treppen hinunter, aber nur wenn mein Vater unten stand und sie rief», erinnert sich Oscar Felix. Durch eine niedrige Türe betreten wir die alte Stube, die seit der Renovation des Hauses als Schlafzimmer genutzt wird. In der Mitte des Raums steht ein prachtvoller Nussbaumtisch, ein Werk von Oscar Felix. An der Wand neben der Türe thront ein mächtiges altes Buffet. Der Erker, in dem die Milch nachts jeweils gefror, ist bei der Renovation verschwunden. Am Deckenbalken lese ich die eingekerbte Jahreszahl 1672. Eine Durchreiche hat die Stube mit der Küche verbunden, wo sich heute einer der Enkel eingerichtet hat. Und aus der Vorratskammer, der *Spensa*, ist ein Badezimmer geworden. Da, wo jetzt die Terrasse ist, war das Plumpsklo.

Nachdem wir auch den oberen Stock des Hauses besichtigt haben, wo die Tochter mit ihrer Familie wohnt, kehren wir an den Stubentisch zurück, und Oscar Felix erzählt.

«Meine Grossmutter starb am Tag nach der Geburt meines Vaters. Im Februar 1876. Sie hiess Chatrigna und stammte aus Cinous-chel, vor Zernez. Mengia Giovanoli, ihre Schwester, die im Fex wohnte, nahm das Kind zu sich. Mein Grossvater, Rageth Felix, heiratete sie. Sie hatten vier weitere Kinder zusammen. Rageth ist ein alter romanischer Name, Felix ist ein Walser Name und kommt ursprünglich aus Feldis. Mengia und Rageth wohnten in Platta, in einem Engadinerhaus, das seither drei Mal den Besitzer gewechselt hat. Mein Vater, Oscar Felix, lernte im Hotel Fex meine Mutter kennen. Fanny Mozzi war in Italien aufgewachsen, in Castione vor Sondrio. Geboren wurde sie 1893. Mit sechzehn kam sie nach Champfèr, später dann ins Hotel Fex. Als sie 1912 meinen Vater heiratete, war sie zuvor nur drei Jahre in der Schule gewesen. Sie lernte schnell Romanisch. Zwei Kinder kamen im Fex auf die Welt: 1914 und 1915. Und drei hier, darunter auch ich; 1933, als letztes von fünf. Ab 1916 wohnten meine Eltern hier im Haus, den Mietvertrag hatten sie mit der Familie Curtin abgeschlossen, der damals halb Sils gehörte. Das Haus war am Anfang allerdings fast nicht bewohnbar, aber mein Vater, der auch die Wege für die Gemeinde machte, setzte es in Stand. In meiner Kindheit war nur noch die jüngste Schwester hier, alle älteren Geschwister waren schon ausgezogen. Mein Vater bauerte. Er hatte etwa achtzehn Kühe und ein paar Schafe. Und zwei, drei *Säuli* für die *Huus-Metzg*. Im November gab es immer ein Fest, wenn der Metzger Giovanoli aus dem Fex ins Haus kam. Dazu gab es ein wenig Rindfleisch und *es Muneli*. Im Haus hatten wir eine Rauchkammer. Im Frühling mussten wir Wacholderstauden holen. Alles in allem gab es etwa sechzig Kilo Würste, Schinken und Speck. In Holzschalen lagerten wir Bindefleisch, das wir *all Tag* mit Wein und Salz übergossen. Das *charn da Salamuira* hängten wir dann im Estrich auf. Ansonsten gab es wenig Fleisch, vielleicht im Sommer mal *es Schäfli*.

Am Abend war Vater oft im Stall, dort war es warm. Im März 1908 legte er das allererste Bergführerpatent II. Klasse ab. Christian Klucker, der bekannte Bergführer aus dem Fex hatte selber kein Patent, kontrollierte aber in all den Jahren das Buch meines Vaters.»

Oscar Felix holt das Führerbuch seines Vaters, in dem sich seine Gäste mit schwarzer Tinte eingetragen haben. Unter anderen:

– *Curt Schmid-Haupt, Hamburg, 26.8.12*

– *12. Aug. 1913, Dr. Julius Cahn, Frankfurt am Main*

– *Sophie Josephthal aus Nürnberg*

– *Er hat sich als guter Führer erwiesen, den ich gerne jederzeit meinen Bekannten empfehlen will. Gruss und auf Wiedersehen im nächsten Jahr, Dr. Arthur + Gretl Loewenstein aus Düsseldorf, 1913*

In roter Tinte: *Eingesehen: Ch. Klucker, Führerobmann*

«Es kamen aber auch viele Engländer. Auf die Touren gingen Träger mit, die das Lunchpaket im Hotel abholten. Auf den Gipfel kamen sie aber nicht mit. Als Kind ging ich mit Papa auf den Corvatsch, auf Lagrev und auf die Margna, wo auch meine Schwester mitkam. Später ging ich dann alleine. Meine Mutter kam weniger mit. Mein Vater war auch Jäger, so wie ich später auch.

D'Jagt isch wiä d'Feria gsi vo üs, nid. Lagrev war meine Lieblingszone. Alles in allem habe ich hier dreissig Rehgehörne, fünfzig Gemskrickel und wenige Hirsche. Im August, wenn wir gemäht haben, brachte ich Heu hinauf in die Futterkrippen in den Laviner d'Pignoulas, in den Fichtenwald. Je höher man beim Jagen war, je schwieriger es war, desto mehr Freude hatte man. Ich nahm jedes Jahr drei Wochen Ferien für die Jagd, zwei Wochen sicher. Die Jagd war ruhiger als heute, man hetzte die Tiere weniger. Vielleicht wurde eher mal gefrevelt. Heute ist die Rivalität so gross, dass keiner sich mehr etwas erlaubt. Während zwanzig Jahren ging ich mit Heini Kuhn. Das war die schönste Zeit. Wir brachen oft um vier oder fünf Uhr morgens auf und kamen erst nach dem Einnachten zurück. Im Luchpaket hatte ich Käse, Eier, Speck und Brot. Ich nahm in der Aluminumflasche immer gezuckerten Schwarztee mit einem *Gutsch Wi* mit, *für de Turscht*. Damit die Flasche warm blieb, zog ich einen Strumpf darüber. Den Lederrucksack mit Ziegenfell hatte ich während vieler Jahre. Und natürlich das Gewehr und einen Haselstecken, *das isch wiä's dritti Bei*. Das geschossene Tier wurde ausgeweidet, wenn möglich abgekühlt und gut auf den Rucksack gebunden. Eine Gems ist höchstens 30 bis 32 Kilo schwer. Die Leber liess man drin. Zuhause machte ich dann frische Leber mit Milch. Den Kessel liess man ein, zwei Tage lang im Keller kühlen, dann ass man die Leber mit Polenta, butterzart.»

Oscar Felix holt ein Fotoalbum. *Ün bun di da muntanellas* steht neben einem Bild, auf dem er mit Jägerhut posiert. «Auf Romanisch heissen die Murmeltiere *muntanellas*. Aber wir sagen *marmottas*», erklärt Oscar Felix. Pro Kopf durfte man zwölf Murmeltiere schiessen. Auf einem anderen Bild sind tote Rehe zu sehen, eine Lawine hatte 25 Tiere unter sich begraben. Auf manchen Fotos ist auch Heini Kuhn abgebildet. Etwa mit einem grossen Steinbock am Lunghin. Weiter hinten im Album dann ein Bild von Oscar Felix mit einer Gemse, die er für Heini Kuhn geschossen hat, zwei Tage nach dessen Tod. Daneben schrieb er: *Sper il plaschair la dulur d'avair pers il cumpagn* – Trotz Freude der Schmerz, den Kameraden verloren zu haben. Der langjährige Freund war 1978 kurz vor Jagdbeginn an einer Herzattacke auf der Halbinsel Chastè gestorben.

Auf einem anderen Bild posiert Oscar Felix vor dem Haus mit einem kleinen Steinbock, den er am Piz Materdell geschossen hat.

«1977 ging ich zum ersten Mal auf Steinbockjagd. Es wurde ausgelost, welche Tiere man jagen durfte. Ich habe einen jüngeren Bock zugeteilt bekommen. Hans Rominger war ein richtiger Rehspezialist. Der lief so komisch, *de isch uf d'Reh fascht druftramplet, het e guets Aug und Gschpüri gha.*

Jetzt gehe ich dann ins 56. Jagdjahr. Alle sagen, ich solle noch gehen. Früher begann sie immer am 9. September, jetzt Anfang des Monats. Diesen Herbst kommt vielleicht mein Sohn mit. Im Mai gehe ich dann fischen. Kaum ist das Eis weg, gehen wir fischen. Am 15. Mai darf man mit dem Boot auf den See. Die ersten Tage gehe ich um fünf Uhr früh, meist alleine. Im See hat es Forellen und Saiblinge. Sechzig bis achtzig Fischer kommen nach

Plaun da Lej, davon etwa fünfzehn aus Sils. Die meisten sind Auswärtige, Zürcher und Mailänder. Die Mailänder gehen auf die Saiblinge los, die können es noch besser als wir. Die Zürcher frieren die Fische ein und nehmen sie nach Hause. Aber der Fischbestand ist zurückgegangen, man fängt nur noch etwa einen Drittel. Es wurde zu viel gefischt, und es gab Krankheiten beim Laich. Vor fünfzehn Jahren hat man täglich zwanzig Fische hinausgezogen, so viel durfte man. Jetzt ist man froh, wenn es zehn sind. Manchmal gehe ich am Abend auf den See, wenn das Wasser ruhig ist.»

Wir sitzen ein zweites Mal am Stubentisch. Diesmal erzählt Oscar Felix aus der Welt des Schreiners und aus der des Pistenchefs.

«1949 machte ich die Lehre in St. Moritz und arbeitete anschliessend während eines halben Jahres für Hans Rominger und Abondo Zaruchi in Maloja. Danach ging ich ins Unterland. Zuerst nach Horgen. Ich war 21, kam als Bankschreiner und ging nach zwei Jahren wieder als Vorarbeiter. Ausser mir und dem Lehrbub waren im ersten Jahr die ganze Belegschaft – fünfzehn Männer – Schwarzarbeiter. Mit der ältesten Tochter des Schreiners ging ich spazieren, aber ich hatte keine Liebschaft, ich wollte mich nicht binden im Unterland. Mir war klar: Ich will hier nicht bleiben. Ich konnte nicht. Hauptsächlich die Berge hätten mir gefehlt und der Kontakt mit den Leuten. Das Dorf war früher *ei Familia*.

1953 erhielt unsere Familie das Vorkaufsrecht für das Land, das wir während Jahrzehnten von der Familie Padrut gepachtet hatten. Ein Jahr zuvor war mein Vater gestorben. Meine Mutter musste sich entscheiden: Der Quadratmeter kostete fünfzig Rappen, alles in allem hätten wir 36 000 Franken bezahlen müssen für 72 000 Quadratmeter. Meine Brüder waren in der Lehre, ich gerade in der Rekrutenschule – Geld hatten wir nicht. Schliesslich kaufte Anigna Godly das Land. Später erbten es ihre Nichten und Neffen. Es befindet sich in der landwirtschaftlichen Zone. Das Haus kaufte ich 1958, ich bezahlte meine vier Geschwister aus, dreissigtausend Franken.

Von Horgen ging ich nach Zürich, wo ich in einer grossen Werkstatt in Wollishofen arbeitete, in der jeder eine Nummer war. Ich stand fast immer an der Schleifmaschine. An den Sonntagen fuhr ich mit dem Velo aus der Stadt hinaus, nach Einsiedeln oder Sattel. Mir gefiel es nicht in der Stadt. Und ich ging weiter nach Lausanne, dort war die Gesellschaft gut. Ich lernte gleichaltrige Deutschschweizer kennen, mit denen ich am Sonntag Touren machte und Skifahren ging. Aber die Arbeit in der Kunstmöbelschreinerei war ein wenig langweilig. Zu zweit machten wir einen Kirschbaumschrank, an dem wir mehr als einen Monat hatten, er kostete mehr als 10 000 Franken. 1958, nach eineinhalb Jahren, ich war fast dreissig, ging ich wieder zurück. Ich arbeitete als Hotelschreiner im ‹Waldhaus› und im ‹Chantarella›. 1960 richtete ich mir meine eigene Werkstatt ein und machte mich selbstständig. Zuerst hatte ich einen, dann drei Angestellte. Ich hatte grössere Aufträge, unter anderem baute ich im Hotel Posta das Restaurant aus, und für einen Architekten in Bever machte ich rund achthundert Lärchentüren. Und wir bauten die Forno-Hütte aus, Böden und Pritschen. Zu Fuss und mit dem Ross habe ich viel Holz dort hinaufgetragen, auch mit dem Heli wurde Holz transportiert. Ich arbeitete zusammen mit zwei Arbeitern drei Wochen lang. In der Freizeit machte ich viele Bergtouren.

Im Herbst 1961 erzählte mir jemand – ich weiss nicht mehr, ob es meine Mutter war –, in der ‹Chastè› sei eine nette neue Serviertochter aus Bergün. *Ich bi dänn dört ufe* und lernte Corina Cloetta kennen. *Wiä's öppe isch.* Im Frühling darauf verlobten wir uns, und im Juni 1963 heirateten wir. In den kommenden drei Jahren kamen die beiden Töchter und der Sohn zur Welt. Heute haben wir sechs Enkel.

1970/71, als die Furtschellasbahn gebaut wurde, kam Arno Giovanoli zu mir und fragte, ob ich nicht SOS-Pistenchef auf Furtschellas werden wolle. Ich wäre der richtige Mann für den Rettungsdienst, sagte er. Wir vereinbarten eine zweijährige Probezeit, und ich sagte zu. Von da an war ich immer oben. Im Sommer bauten wir Pisten aus. Vielen gab ich die Namen: *Lejins* (Seelein), *Chüderun* (Kessel), *Grialetsch* (Name des Bergs) oder *Prasüra* (Name der Alp). Ich räumte Steine weg und machte einen Sprengkurs. Wir haben viel gesprengt, ohne Gehörschutz. Heute habe ich das Hörgerät, deswegen und auch wegen der Maschinen in der Werkstatt. Aber ich habe das gerne gemacht, war immer draussen. Morgens um zwei, drei Uhr schaute ich, wie das Wetter wird. Je nachdem bot ich die Pistenfahrzeuge auf, mit denen ich in Funkkontakt stand, und dann musste ich selber hochgehen, Lawinen sprengen. In den ersten Jahren noch mit den Ski, mit den Fellen. Ich bin stark gelaufen früher. Es gab Jüngere im SOS, die ich vorausgehen liess, aber es dauerte oft nicht lange, da musste ich voraus *(lacht)*. Gerne hatte ich auch den Rettungsdienst: 840 Mal bin ich mit dem Kanadierschlitten ausgerückt. Während 24 Jahren. Ich habe einiges erlebt in dieser Zeit. Einmal sah ich am Mittag im Restaurant einen Italiener, wie er zwei Portionen Spaghetti ass. Am Nachmittag kam per Funk die Meldung, jemand sei kurz vor der Talstation zusammengebrochen. Ich war nach drei Minuten mit dem Schlitten dort. Es war dieser Italiener vom Mittag. Ich machte eine Herzmassage und Mund-zu-Mund-Beatmung, was wirklich nicht angenehm war, weil er viel erbrochen hatte. Er war ganz blau. Nach neun Minuten war der Arzt dort, aber es war nichts mehr zu machen. Wir fuhren zur Talstation. Der Mann war 44-jährig! Ich sah ihn wirklich

sterben. Das hat mich sehr beeindruckt. Man wird abgehärtet mit den Jahren, aber dieses Erlebnis ist mir geblieben. Ein anderes Mal hat sich einer mit der Bindung den ganzen Muskel am Bein abgerissen. Es war achtzehn Grad minus, ich musste meine Handschuhe ausziehen zum Verbinden der Wunde, die in der Kälte kaum blutete. Später in der Ambulanz hat das Blut nur so gespritzt. Ich hatte die ganze Windjacke voll. Als ich wieder oben war, fragte mich mein Kollege: ‹Warst du in der Metzgerei?› Aber es gab auch Simulanten. Leute, die kaum etwas hatten und am Tag darauf wieder auf den Ski standen.

Am 16. Dezember 1987 kam ich in eine Lawine. Ich war bereits am Tag vorher hochgegangen, um die Saison vorzubereiten. Wir sprengten nicht, damit der Schnee auf den Pisten blieb. Um neun Uhr morgens sondierte ich also mit einer Stange. Zum Glück hatte ich vorher meine Spezial-Ski angeschnallt, mit sehr lockerer Bindung, die Hand hatte ich nicht in der Stockschlaufe. Unten sah ich, dass der Schnee locker war, ich sagte: Der muss runter, den müssen wir sprengen. Ich machte eine Spitzkehre, und in diesem Moment: Zack!, gab es einen

Klapf, und ich war zweihundert Meter weiter unten. Als alles still stand, hatte ich keine Ski mehr, keine Stöcke, das war gut. Beim Schuh sah ich nach einer Weile ein wenig Licht. Beim Kopf war ein wenig Raum. Das Funkgerät hatte ich. Ich begann darauf zu drücken, vermutlich verstellte ich die Tasten, denn plötzlich hörte mich der Ratrak-Fahrer der Marathonstrecke. Er telefonierte dem Kurverein und meldete, ich sei in einem Schneebrett. Als das Pistenfahrzeug kam, war ich schon fast draussen. Ich war während eineinhalb Stunden ganz ruhig geblieben, bis gegen Schluss, aber dann verausgabte ich mich, weil ich nicht ganz hinauskam. Zumindest hatte ich den Kopf draussen, ich konnte atmen. Mein Lawinenhund war unten im Büro, der Pistenfahrer brachte ihn dann mit. Dank dem Lawinenhund-Brevet hatte ich keine Angst: Wir waren gewohnt, einander zu vergraben und zu suchen. Unten bei der Bergstation kam der Betriebsleiter, in einer Aufregung. Und dann ging es los: Ich begann zu zittern und so zu schlottern, dass ich kaum gehen konnte. Alle kamen mit zu Doktor Durban, der drei Elektroöfen ins Zimmer stellte. Meine Körpertemperatur war noch 34 Grad. Man rief meine Frau, sie solle hierherkommen und Kleider bringen. Sie erschrak, als sie mich sah. Am Abend kam der Doktor nochmals, und am nächsten Tag um halb sechs Uhr früh kam er ein weiteres Mal. Am Morgen darauf war ich *purlimunter.*

Vom Dienst dort oben könnte man viel erzählen. *Es isch en schöne Poschte gsi, i has gäre gmacht.*

In der Freizeit machte ich dann viele Wanderungen. Vor etwa zwanzig Jahren besuchte ich einen Wanderleiterkurs. Zweimal in der Woche ging ich dann wandern. Die Muretto-Pass-Wanderung habe ich erfunden. Die habe ich 36 Mal mit Leuten gemacht. Oder von Juf hierher. Ich bin gerne in diesem Gebiet. Oder Soglio–Prasiniola-Pass-Suvrena-Madrisertal bis nach Cröt. Mit Leuten hat man zwölf Stunden.

Seit 1995 arbeite ich wieder *all Tag* in meiner Werkstatt. Ich bin froh, habe ich die Maschinen nicht verkauft. *I hange a de Werkstatt, wenn i diä nid het!* Sehr fehlt mir mein früherer Freund Reto Badrutt, mit dem ich viele Jahre lang auf der Jagd war. Kontakt zu Gleichaltrigen findet man kaum mehr. Jetzt ist auch das ‹Marmotta› vorbei. Im ‹Margun›, ‹Post› und Hotel Maria *bin i allei unter Fremdi. Allei kann i's Bierli au dahei trinke*. Das war früher anders. Man hatte viel mehr Kontakt. *Öppediä* gehe ich mit Corado Niggli ins ‹Arlas› nach Silvaplana, ich bin auch schon alleine ins Postauto gesessen und dorthin gefahren. *Öppedie het mer de Drang zum e paar Wort rede*. In Sils gehe ich in die Kantine der Firma Ming, in die Gewerbezone, wo morgens um neun Uhr etwa vierzig Arbeiter einen Kaffee trinken. Polizisten sind dort und einheimische Firmen, Maler und Sanitäre im *Übergwändli*. Meine Frau und ich fahren mit dem Velo hinunter.»

Drei Wochen später ruft mich Corina Felix an und richtet aus, das Nachttischchen sei parat. Ihr Mann lasse fragen, ob er es lackieren soll. Oscar Felix hat mir ein einfaches kleines Tischen geschreinert. In der Werkstatt hatte er mich gefragt, aus welchem Holz ich das Tischchen wünsche. Ich wählte Kirsche, wie mein Bett in Zürich. Aber schon am Abend bereute ich den Entscheid. Oscar Felix hatte nichts gesagt, aber mir kam in den Sinn, wie er die Stube im Dachgeschoss erwähnt hatte: Sie sei früher mit schlichtem Arventäfer ausgekleidet gewesen. Der Schwiegersohn, Unterländer und Maler von Beruf, habe es herausgerissen. «Mir tut das fast leid», hatte er gesagt. In der Schätzungskommission, die den Wert der Häuser beurteilt, gäbe Arvenholz einen Zuschlag. «Ich würde ein Arvenholz nie weiss streichen.» Er sagte es nicht, aber er hätte für den Nachttisch Arve gewählt, den Baum der Engadiner. Als ich am nächsten Morgen anrief, hatte er das Kirschholz bereits zugeschnitten. Das schöne Tischchen steht jetzt neben meinem Bett.

Rudolf Gilly
Verändert hat sich auch die Sprache

Den Holzofen heizen Gillys erst um zwei Uhr ein, damit er am Morgen noch immer temperiert ist. Ich besuche Rudolf Gilly an einem schönen, aber sehr kalten Nachmittag im März. Er bietet mir die Ofenbank in seiner Stube an: Die Wärme im Rücken – was für ein Vergnügen!

Sein Haus, die Chesa Marias, liegt im Dorfkern, unweit der Eisbahn. Aus dem Stubenfenster schweift der  Blick über eine unberührte Schneewiese zur Kirche von Sils Maria, zum Altersheim und zu zwei neueren Häusern. An der Stelle des einen stand das erste Schulhaus. Das andere, grössere Haus bewohnen Angestellte der Gemeinde. Zwischen den zwei Häusern liegt einer der Ställe der Geschwister Godly. Das Wäldli, welches zwischen Gillys Haus und dem Bach liegt, wird demnächst abgeholzt und Neubauten Platz machen. Sein Haus hat er dem einem seiner beiden Söhne überschieben, der mit seiner Familie im oberen Stock wohnt.

«Mein Grossvater ist in Zuoz aufgewachsen und arbeitete als Ingenieur für die Rhätische Bahn, als diese gebaut wurde. Auch er hiess Rudolf Gilly. Annetta Olgiati, meine Grossmutter, stammte aus dem Puschlav. Meine Grosseltern zogen nach verschiedenen, beruflich bedingten Stationen nach Sils Maria, wo sie Land und ein kleines Haus an der Dorfstrasse besassen. 1910 bauten sie an der Stelle, wo das kleine Häuschen stand, ein neues, grösseres Haus. Das Geld dazu lösten sie aus dem Verkauf von Bauland bei der heutigen Villa Miramargna. Sie eröffneten darin den Bazar Laret, nach dem Namen des Hügels hinter dem Haus. (Laret stammt vom lateinischen *larix* – Lärche, dem Baum, der auf dem Hügel wächst.)

Alfons Gilly, mein Vater, war Bauer. Meine Mutter, Anna Kressig aus dem sankt-gallischen Vättis, lernte er im Hotel Sonne in Silvaplana kennen, wo sie als Sekretärin arbeitete. Nach der Heirat übernahm meine Mutter den Laden meiner Grossmutter. *En richtige Chrömerlade isch das gsi.* Es gab alles, was man sonst nirgends fand, nicht mal in St. Moritz: Nähsachen, Wolle, Schoggi, Rauchzeug, Geschenke, Hemden und Pullover. Ebenso eine ganze Auslage von Postkarten. Meine Mutter war immer offen für Neues: Wir hatten einen der ersten Radios, einen kleinen Apparat, der nur Beromünster empfing. Am Abend kamen Erwachsene und *öppediä* Nachbarskinder, um Sendungen zu hören. Und *dänn hämer de Plausch gmacht und zäme Spieler gmacht.*

Mein Vater hatte fünfzehn Stück Vieh und mehrere kleinere Parzellen gegen den Silsersee hin und bei Suotovas. Als Kind halfen meine beiden Brüder und meine Schwester beim Heuen und Holzlesen. Anfang Juni, am ersten Tag, an dem das Vieh draussen war, durfte man während zwei Wochen im Wald Äste sammeln, dann musste man das Leseholz zusammenhaben. Nur während des Kriegs blieb der Wald das ganze Jahr offen. Gesäubert vom Leseholz waren die Wälder früher viel gepflegter als heute.

Früher gab es originelle Typen hier. Ein deutscher Handwerker fertigte in der Chesa Suot il God, unterhalb der katholischen Kirche, die ersten Ski der Schweiz. Der Schneider Padrun wohnte auch dort. Er sass mit gekreuzten Beinen auf dem Tisch. Als ein Baron aus dem ‹Waldhaus›, dem er einen Knopf angenäht hatte, einmal meinte, fünfzig Rappen sei verrückt, nahm Padrun die Schere, schnitt den Knopf wieder ab und sagte: ‹So, jetzt kostet es nichts!› Er ist dann ganz jung mit dem Velo verunglückt und hinterliess drei Kinder, die seine Frau alleine aufzog.

Die Winter waren härter als heute. Es gab mehr Schnee, den man Tag und Nacht mit spitzen Pflügen an die Mauern der Häuser schob. Als es diese noch nicht gab – das haben die Alten jeweils erzählt –, sah man aus den Fenstern der ‹Marchetta› nur die Beine der vorübergehenden Pferde. Im Winter kamen immer die gleichen Lawinen herunter. Bis im August blieben Reste von Schnee liegen. Einmal kam eine Lawine bis zur Pensiun Chastè. Man erzählte, dass man ebenerdig ins Haus spazieren konnte, weil die Treppe, die zur Haustüre führte, ganz zugeschüttet war.

Während des Kriegs absolvierte ich eine Schreinerlehre in Chur. Zu essen gab es *Härdöpfel us em Wasser zoge* und ein Viertel Brot für den ganzen Tag. Solche Kartoffeln würde man heute als Schweinefutter verwenden. Meine erste Stelle als Schreiner hatte ich in Davos, wo ich in einer Gruppe auch als Musiker auftrat. Ich spielte chromatische Handorgel. Wir spielten oft für Touristen und an Hochzeiten. Danach war ich fünf Jahre in Arosa, und 1956 machte ich das Skilehrerpatent. Als mein Vater im selben Jahr starb, ging ich wegen der Mutter wieder zurück nach Sils, wo ich hinter Vaters Stall in einer primitiven Hütte eine Schreinerei einrichtete. Auf einem der Grundstücke meiner Eltern baute ich 1962 dann das Haus, die Chesa Marias, in der wir heute noch wohnen. Und dann heiratete ich. Meine Frau, Mengia Venzin, stammt aus der Nähe von Illanz. Kennengelernt haben wir uns in der Pensiun Post, wo sie servierte. Später kamen dann die beiden Buben. Und heute haben wir fünf Enkel. Zwei von ihnen wohnen hier bei uns im Haus, das freut uns.

Mein Vater besass das meiste Land in Suotovas und am Silsersee. Ein grosser Teil zwischen den beiden Wegen, die von der ‹Alpenrose› aus zum See führen, gehörte ihm. Vor der Güterzusammenlegung 1948 waren es lauter kleine Parzellen gewesen. Mein Vater war gegen die Auszonung, denn er hatte bereits grosse Parzellen. Er hatte auch hinter der ‹Alpenrose› mehrere kleinere Parzellen, die wir dann gegen Suotovas tauschten. In Sils Baselgia besassen wir ein kleineres Stück Bauland, das mein Vater zur Hälfte verkaufte. Auf dem Land, das übrig blieb, baute mein Bruder Giudo die Chesa Viola, ich die Chesa Flurina, die ich dann meinem älteren Sohn vermachte. Ihm war das Haus zu klein, und er verkaufte es einem Zürcher. Jetzt wohnt er mit seiner Familie in Stampa, von wo aus er jeden Tag nach St. Moritz pendelt.

Statt in Suotovas wurde dann in Seglias gebaut. Unser Land in Suotovas ist jetzt landwirtschaftliche Zone. Das ist Politik: Bundesräte kamen damals und liessen sich im Helikopter das Land zeigen, um die Bauschutzzonen einzuteilen.

Sils hat sich verändert: Bis in die Dreissigerjahre gab es fast nur Einheimische, heute kann man sie bald an einer Hand abzählen. Früher kannte man einander. Man sass oft beisammen. Wir Handwerker hatten einen Zusammenhalt. Bis Mitte der Siebzigerjahre sassen wir *all Mittag* und *all Abig zäme i der ‹Marchetta›*, wir machten Sprüche und teilten aus. Mit dabei war beispielsweise der Maler Giovanoli, der war ein Spassvogel, mit dem konnte man viel lachen. *Eifach glatti Lüt*. Das Dorfleben, das ist Vergangenheit. Heute hat jeder sein Auto. Bis vor kurzem ging ich *all Tag* zu Oscar Felix. *Da het mer no vo früener verzellt.*

Zum Beispiel *Chalandamarz:* Für uns war das einst das grösste Fest des Jahres. Die älteren Schüler reihten die Kinder dem Alter nach ein. Sie hatten die grossen Glocken, die Jüngeren die kleinen. In einer Reihe: der Senn, der Zusenn, der Hirt, das Ross. Wir hatten auch einen grossen Schlitten mit einem Holzeimer, in den wir Schleckwaren steckten. Heute kommen die Buben noch an der Türe läuten. Wir geben dann den Rappen, wie es immer war. Dass heute die Mädchen auch singen und am Umzug teilnehmen, gefällt mir. Früher machten sie die Rosen für die Buben. Mit demjenigen Mädchen, von dem man die Rose bekommen hat, machte man später den ersten Tanz. Wir gingen von Haus zu Haus und spielten am Abend Theater, Tanz bis Mitternacht. An einem Tag, nicht an zweien wie heute, denn Sils ist gross geworden. Musik war nicht so wichtig. Manchmal hat einfach einer ein wenig *ghandörgelet.* Heute machen die Lehrer Musik, das finde ich auch gut. Und es gab Kastanien mit Rahm. Ich weiss nicht, ob das noch immer so ist. Vielleicht kann heute auch jeder sein Menü wünschen.

Wenn ich daran denke, wir hatten auf der Oberstufe den Lehrer Gartmann, ein bekannter Mann, der auch Förster war, der das Grundbuchamt, den Kurverein und ich weiss nicht was alles führte. In der Nacht war er immer noch *uf sim Büro go schribe.* Das war ein wahnsinnig strenger Lehrer. Der hat sich interessiert. Und wenn er gewisse Sachen sah, sagte er: Das geht nicht, es muss so sein, wie es immer war.

Verändert hat sich auch die Sprache. Wir sprachen nur romanisch. Heute hört man fast nur Deutsch. Mit meinen Enkel spreche ich auch viel deutsch. Ich weiss, ich sollte mit ihnen nur romanisch sprechen. Aber sie antworten dann auf Deutsch. Da kann man nichts machen. Mit dem Fernsehen und dem Auto hat sich viel geändert: Früher erfuhr man, was im Dorf lief. Jetzt weiss man über viel mehr Bescheid, es gibt ganz andere Auffassungen.

Rudolf Gilly ist im Oktober 2011 verstorben.

Maria Godly
Es fehlt uns nichts

Christina Godly
Geändert haben wir kaum etwas

Während Jahren bin ich an der Stüva Engiadinaisa Marchetta vorbeigegangen wie an einem für Nichtmitglieder geschlossenen Club. Wer abends hier essen will, muss sich anmelden, die wenigen Plätze des Restaurants sind oft auf Tage hinaus reserviert. Ein spontaner Besuch ist nur am Nachmittag möglich. Einmal ergatterte ich einen Platz hinter der Türe. Christina Godly brachte Glühwein und Bündner Nusstorte. Fasziniert von ihren agilen Bewegungen in den engen Markenjeans, schaute ich der Chefin des Hauses zu.

Maria Godly, ihre Schwester, war mir von Aufenthalten in der Pensiun Chastè bekannt. Hin und wieder war sie dort vorgefahren, um nach dem Rechten zu sehen. Im Winter mit dem Auto, im Sommer mit dem Velo: eine energische Dame, die weiss, wie sie Haus und Garten haben will. Wir redeten jeweils ein wenig. Immer höflich, aber mit Distanz.

Die zugängliche Seite der Schwestern lernte ich erst kennen, als ich zusammen mit Renato und Bea Giovanoli einen Abend in der «Marchetta» verbrachte. Die Vertrautheit aus Jugendtagen erzeugte eine andere Atmosphäre. Nach Salat, Saltimbocca und Spinat-Spätzli, dem Einheitsmenü, bestellten wir hauseigenes Sorbet und Nusstorte. Als die Stube sich leerte, setzte sich Christina an unseren Tisch. Auch Maria erschien. Die beiden erzählten von Reiseplänen nach Georgien und amtlichen Schikanen für Kleinbetriebe.

Ein paar Tage später, die Zwischensaison hat eben begonnen, treffe ich Christina Godly in der «Marchetta». Sie ist froh, kommen endlich Ferien, ist der Stress vorbei. Viel Zeit hat sie aber auch jetzt nicht, es fehlen noch die Arbeitsverträge für die kommende Saison, und vor der Reise ist noch manch anderes zu erledigen. Streng war es schon immer, das Arbeitsleben in der «Marchetta».

«Als wir 1947 hier einzogen, war ich fünfzehn Jahre alt, meine Schwester neunzehn. Damals betrat man die Wirtschaft durch das *Lädeli*. Wo wir jetzt die Anrichte mit den Kuchen haben, standen Zucker- und Mehlsäcke und Obst. Im Winter musste man diese Sachen nachts in die Wirtschaft räumen, damit sie nicht gefroren. Der Laden war offen von sieben Uhr morgens bis Mitternacht. Auch am Sonntag, das mochte ich überhaupt nicht. Mein Vater arbeitete in der Landwirtschaft, meine Mutter servierte zu allen Tages- und Nachtzeiten. Sie kochte auch. Bis sie 87 war, stand sie in der Küche. Was auf den Platten der Gäste übrig blieb, gab es am Tag darauf zum Znacht. Mama machte uns auch Maluns, eine Kartoffelspeise. Und Tatsch, zerbröckeltes Omelett mit Apfelmus.

Es gab einen Stammtisch, der zum Teil Ersatz für die eigene Stube war. Beispielsweise für zwei alleinstehende Herren, die hier ein *Einerli* tranken. Einige kamen regelmässig am Mittag und am frühen Abend. Sonst war eigentlich nichts los im Winter. Ich hörte Radio und strickte Socken.

Wichtig waren die *Schlittedas*, an denen die *giuventüna* mit dem Schlitten von Sils nach Celerina fuhr, auf der Hauptstrasse. Auch ins Fextal. Es gab viele Bälle, an denen die ganze Nacht getanzt wurde. Das ‹Schulze› war unser Vergnügungszentrum: Wir waren im hinteren Saal und machten Scharaden durchs ganze Haus. Die Besitzerinnen, Alma Peer und Maria Schulze, die beiden Schwestern, waren Seelen von Frauen. Auch die Aufführung des gemischten Chors war im ‹Schulze›.

Als die ersten Autos aufkamen, fuhren wir nach St. Moritz ins Grotto Steffani und sassen dort in riesigen Fäs-

sern. Die Kegelbahn war das höchste der Gefühle. Wir gingen auch auf Touren mit dem Skiclub, noch bevor die Rennen aufkamen. Einmal an Ostern in die Forno-Hütte.

Im Winter durfte eine von uns Schwestern fort. Ich war also jedes zweite Jahr weg. Nach der Sekundarschule, die ich in St. Moritz absolvierte hatte, ging ich, um Französisch zu lernen, ein halbes Jahr nach Lucens im Kanton Waadt. Den Winter darauf verbrachte ich wieder zuhause, dann fuhr ich nach Lausanne, an die Hotelfachschule. Es folgte wieder ein Winter hier, bis ich, wie zuvor schon meine Schwester, nach London durfte. Durch alte deutsche Gäste hatten wir die Adresse von ‹Mothers's Help› erhalten, einer Organisation, die junge Frauen an Familien mit Kindern vermittelte. Es war der Frühling, in dem die Königin gekrönt wurde. Ich weiss noch, wie wir im Juni 1952 eine Nacht lang im Hyde Park sassen, um sie zu sehen.

Als ich zurückkam, hatte ich eine Krise. Nein, dachte ich, das ganze Jahr in Sils! Für junge Leute sind es lange Monate: Oktober, November, Dezember ... Später war ich Hotelsekretärin in Arosa und im Berner Oberland. Irgendwann hatte ich die Idee, in der ‹Chastè› einzusteigen. Aber meine Tante und ich, das ging nicht zusammen. Ab 1959 blieben wir zuhause. Bahnen wurden gebaut, die Anzahl Gäste nahm im Winter zu. Wir blieben auch, weil es für Mama alleine zu viel wurde.

Mit unseren Präsenzzeiten konnten wir gar nicht so

oft weg. An einen Ball ging ich erst, wenn hier alles fertig war. Den Boden mussten wir jeden Tag *spönle*. Am Morgen nach den Bällen kamen die Burschen dann meistens auf einen Kaffee mit zu uns und halfen uns dabei. Zuerst kam die Pflicht. Wir waren eigentlich die Angestellten unserer Eltern.

1969 gaben wir den Laden auf, weil wir keine Grossisten mehr hatten und nicht Usego-Mitglied werden wollten. Unter uns sagen wir heute noch *de Lade*. 1972 übernahmen meine Schwester und ich die ‹Marchetta› und die Pensiun Andreola. Mein Vater starb 1977, meine Mutter 1982.

Das Essen gab es im Restaurant immer schon auf Vorbestellung. Anders wäre es für Mama gar nicht möglich gewesen. Sie kochte beispielsweise Risotto mit Rahmschnitzel. Oder Polenta. Das machen wir heute noch. Wir haben eigentlich nie etwas geändert. Wir sind höchstens in unserer Art professioneller geworden. Später dazugekommen sind die *Nüdeli*. Mehr Auswahl ist gar nicht nötig. Als Mama überlastet war, begannen wir auch mit Fondue Chinoise, die Saucen dazu machen wir selber. Das kommt sehr an. Auch Käsefondue servierten wir früher, aber heute nicht mehr. Wir müssen die wenigen Plätze möglichst profitabel verkaufen.

Wir arbeiten sieben Tage in der Woche. Am Morgen backe ich die Kuchen und mache Caramel-Flans, Sorbets und Schoggi-Mousse. Von halb zwei bis halb vier erholen wir uns, denn unsere Nächte sind relativ kurz. Um halb vier muss ich das Restaurant öffnen, in der Saison kommen dann schon viele Gäste, die um halb sieben wieder raus müssen, damit wir die Tische umstellen können. Um halb acht Uhr sind wir parat. Der klare Ablauf ist sehr wichtig, das sehe ich immer wieder. Man wird langsam ein Gewohnheitstier.

Einheimische kommen fast keine. Vielleicht denken sie: eine Frauenwirtschaft! Auch leben von den einstigen Gästen heute viele nicht mehr. Lange Zeit war der Stammtisch dann im Café Schulze, während wir sehr schnell ausschliesslich von auswärtigen Gästen gelebt haben. Von interessanten Gästen. Wir sind wirklich verwöhnt. Jetzt kommen schon deren Kindeskinder.»

Sils, da sind sich beide Schwestern einig, hätte exklusiv bleiben müssen. Aber ja, wenn immer mehr Leute mitverdienen wollen, brauche es eine neue Infrastruktur. «Lange waren wir rund dreihundert Einwohner», sagt Christina Godly: «Das hätte so bleiben können. Das ‹Waldhaus› wäre trotzdem voll. Man versteht vieles nicht.» Die Gemeinschaft habe gelitten: «Früher war man überall zuhause. Und heute vermögen es Hiesige nicht mehr, hier zu wohnen. Ausserdem schaden die Zweitwohnungen den kleinen Pensionen.» Und ihre Schwester fügt hinzu, auch weitere Hotels würden dem Ort nicht dienen: «Wir haben hier eine hervorragende ältere Kundschaft, die von einer jungen gestört wird, beispielsweise von Bikern auf dem Spazierweg am See.» Oft sei von einem Nachwuchsproblem die Rede: «Aber die Jungen werden auch älter und suchen dann Ruhe. Wenn man jetzt mehr baut, wird der Kuchen nicht grösser, aber die Stücke kleiner.»

Die Privaträume der beiden Schwestern, wo auch die beiden Brüder leben, befinden sich im hinteren Teil der Chesa Marchetta. Während Christina Godly das Restaurant führt, ist Maria Godly für die Pensiun Andreola verantwortlich. Die Häuser gehören zusammen, unterirdisch verbunden durch einen Tunnel. Das Essen im Restaurant kommt aus der Küche der Pension. «*S'gaht kais ohni ds'ander*», sagt Christina Godly.

Ende Juni unterhalte ich mich in der Stube der Pensiun Andreola mit Maria Godly. Die Saison hat trotz winterlicher Temperaturen wieder begonnen. Auf dem Balken an der Decke sind ein Bibelspruch und das Baujahr festgehalten: 1742. Von oben sind die Schritte einer 93-jährigen Frau zu hören, die seit vielen Jahren Gast im Hause ist. 1958 bauten Godlys beide Häuser um, worauf in der Pension sieben Zimmer hinzukamen. «*Solidi Hüser*», meint Maria Godly. Die Zeiten, in denen sie in anderen Häusern gelebt hat, sind lange her.

«Während des Krieges war ich zuerst in Lucens, dann bei einer Familie in Genf. Gas und Elektrisch waren rationiert und natürlich auch das Essen. Ich benutzte die Kochkiste, eine gefütterte, in der das Essen weiterkochte. Als ich sah, wie viel Mais es gab, der nicht verwertet wurde, regte ich an, eine Polenta zu machen. Madame war begeistert, und ich musste die genauen Masse aufschreiben, welche sie an die ganze Verwandtschaft weitergab. Ans Kriegsende mag ich mich gut erinnern: Die Strassen waren voll jubelnder Menschen. Das war ein Erlebnis.

Eigentlich wäre ich gerne Kindergärtnerin geworden, aber das war finanziell nicht möglich. Im Rahmen einer Aktion, die Jugendlichen aus den Bergen eine Lehre im Unterland vermittelte, kam ich in eine Drogerie nach Stäfa. Von meiner Lehrmeisterin, die von hohem kulturellem Niveau war, habe ich viel mitbekommen. Mit einzelnen Mitarbeitern hatte ich bis vor wenigen Jahren noch Kontakt, und meine beste Freundin ist heute noch in Stäfa. Das Haus, in dem ich wohnte, lag direkt am See. Ich lernte schwimmen. Als die zwei Jahre um waren, arbeitete ich während eines Jahres in einer Drogerie in Basel.

In Sils gab es im Winter 1950/51 über zwei Meter Schnee. Bereits Ende Oktober hatte es einen Meter hingelegt.

Man kann sich das gar nicht vorstellen: Der Wind löste Lawinen aus, eine lag von Crot bis zur Chastè. Die Strassen waren zu. Während acht Tagen kam keine Post. Unser Restaurant war offen.

Im Winter darauf fuhr ich für ein halbes Jahr nach London, wo ich bei derselben Familie war wie später meine Schwester. An der Kings Road. Anfangs konnte ich überhaupt kein Englisch, bis ich begann, mir bekannte Bücher auf Englisch zu lesen, etwa das ‹Heidi›. *Aber i han die Gofe gno und bi go London aluege.*

Einen Winter verbrachte ich noch in Zürich, und 1956 half ich letztmals in der Drogerie in Basel aus.

Vor dem Umbau war die Pensiun sehr einfach: Auf den Zimmern gab es eine Cuvette mit Wasserkrug. Heizbar war nur die Stube. Wo wir heute wohnen, war der Heustall. Jetzt haben wir vier Zimmer mit Dusche und Toilette. Mit den Gästen pflege ich das Motto unserer Tante: Die Beziehungen sind freundschaftlich, aber wir sind nicht per Du. Auch nicht mit den Mitarbeitern. Ich schätze jedoch die Kontakte. Es ist immer ein Geben und Nehmen.

Ich empfange ja nicht nur Gäste, ich kümmere mich auch um die ‹Chastè›. Beispielsweise, dass die Wäsche dort richtig gemacht wird. Es gibt viele Herausforderungen, aber schlaflose Nächte haben wir nicht mehr so viele. Ich bin positiv, eine Lösung gibt es immer. Entspannung bringt auch der Garten. Im Moment gibt es da viel zu tun. Im Garten der ‹Chastè› sollte ich Unkraut ausreissen und hier Lauch und *Räben* setzen.»

Sie führt mich den Korridor der Pensiun Andreola entlang und geradeaus weiter durch den Stall. Von dort gelangen wir hinter das Haus, zum unerwartet grossen und prachtvollen Garten. In einem langen Beet wachsen abgedeckt Spinat und Chicorée, daneben Kresse, Sellerie und *Radies-*

li. Neben dem Salat wuchern Kräuter. Und weiter hinten blüht «das Revier der Schwester», die Blumen. Unter anderem Malven, Mohn und Paradieslilien: «Langsam kommen auch die Pfingstrosen», sagt Maria Godly.

So abgesteckt die Domänen der Schwestern sind, so sehr funktionieren sie als Team. Auch in den Ferien. Als die Reise nach Georgien nicht durchgeführt werden konnte, reisten sie spontan für zwölf Tage nach Jordanien. «In Petra bin ich neun Kilometer gelaufen», erzählt Maria Godly. Die neunhundert Treppenstufen sei sie dann aber nicht mehr hochgestiegen, «die Schwester schon». Letztes Jahr waren sie in Armenien, zuvor in Australien, Irland und Mali. In Haiti und Kuba sind sie gewandert.

Und Freundschaften? Um diese zu pflegen, bleibe keine Zeit, sagt Maria Godly. Im Laufe der Jahre hätten sich auch immer wieder welche zerschlagen. Dass keine Nachkommen da sind, sei natürlich schade. Aus verschiedenen Gründen habe sich das eben nicht ergeben. *«Aber es gaht üs guet»*, meint Maria Godly: *«Es fehlt üs nüt.* Wir Geschwister kommen gut aus miteinander, das stützt.» Christina Godly hatte es so formuliert: «Wir sind sehr eingespielt. Wir kennen die Stärken und Schwächen voneinander und verhalten uns entsprechend.» Am wichtigsten aber sei, dass die Arbeit Freude mache: «Sie erhält uns irgendwie. Das ist wichtig. Man kann sich nicht gehenlassen.»

Solange sie Gäste haben und die nötige Kraft, möchten beide weitermachen. «Wissen Sie», sagte Christina Godly: «Schaffen tut gut. Hoffentlich merkt man selber, wenn es eines Tages nicht mehr geht. Unsere beiden Geschäfte werden wir nicht weitergeben können, sie sind zu klein. *Jänu*. Kommt Zeit, kommt Rat.»

Ugo Bivetti
Unser Leben war streng, aber schön

Ugo und Silvia Bivetti wohnen weit hinten im Fextal. Zu Fuss sind es von ihrem über vierhundertjährigen Haus nur noch wenige Minuten zum Hotel Fex. «Das ist mein Vater», hatte ihre Tochter Eva gesagt, als ich ihr zu Beginn meines Aufenthalts die Liste mit den Namen der alten Silser gezeigt habe. Eva betreibt zusammen mit ihrem Mann auf Muot Selvas, auf über zweitausend Meter, ein Restaurant. Früher war hier ein Stall. Besonders im Winter fühlt man sich hier, in der angenehmen Wärme des Holzofens, am Ende der Welt angekommen.

Neben dem Esstisch, an dem der Gastgeber erzählt, steht ein über hundertfünfzigjähriger Schrank aus Tannenholz. GS – Gaudenzio Salis, Ugo Bivettis Grossvater, hat seine Initialen auf dem Türflügel eingebrannt. Ugo Bivetti ist hier aufgewachsen.

«Innert weniger Jahre hatten die Bergeller das ganze Tal aufgekauft. Mein Grossvater, Giovanni Bivetti aus Castasegna, kaufte das Maiensäss 1877. Ich selber kannte ihn nicht mehr, auch nicht meine Grossmutter Adolfina, von der man erzählte, sie sei eine strenge Frau gewesen. Mein Grossvater hatte Land in Castasegna. Im Winter war die Familie unten, im Sommer hier. Mein Vater, Pierino Bivetti, wurde 1891 geboren, im Bergell. Er und sein Bruder, Attilio Bivetti, verbrachten ihre Kindheit und Jugend in Castasegna, wo sie zur Schule gingen, und im Fex. 1926 heiratete mein Vater meine Mutter: Emma von Salis. Sie war vierzehn Jahre jünger als er. Sie kannten sich aus der Schule. Beide sind in Castasegna aufgewachsen, aber ursprünglich kommt ihre Familie aus Soglio. Nun wurden *Lösli* gezogen: Mein Vater übernahm das Haus, in dem wir heute wohnen, und baute es aus. Sein Bruder erhielt das Haus weiter unten. Meine Eltern sind dann das ganze Jahr über hier geblieben. Mein Vater hat gebauert. Ich bin

1939 geboren. Hier, in der Stube. Man hatte keine Ahnung, dass gleich zwei kommen würden: Wir Zwillinge waren eine Überraschung. Im Alter von zwei Jahren standen wir schon auf den Ski. Mein Bruder Pierino und ich sind in Sils zur Schule gegangen. Am ersten Schultag sprachen wir kein Wort Deutsch, *nüt!* Denn zuhause sprachen wir Bergaiot. Wir hatten, im Unterschied zu den Kindern im Dorf, auch keinen Kontakt zu deutschsprachigen Feriengästen. *Das isch e harti Nuss gsi.* Aber Lehrer Hartmann, der mit uns Bergaiot sprach, half uns. Romanisch verstanden wir, und wir sprachen es auch bald, das war ähnlich.

Im Winter, wenn es Frischschnee gab, sind wir um sechs Uhr aufgestanden, um die Strasse zu pflügen. Im Alter von sieben Jahren. Um acht Uhr mussten wir in der Schule sein. Hinunter sind wir – wir beiden Brüder und unsere ältere Schwester Frieda – mit den Ski, abends haben wir sie gebuckelt und sind *ine gloffe*. Den Skilift Vanschera gab es erst später. Über Mittag assen wir bei Schulze eine warme Suppe, oder *Mamma* gab uns eine Schnitte Brot und Käs mit. Bevor Godlys die «Marchetta» übernahmen, gehörte das kleine Restaurant und das *Lädeli* Adolf Giovanoli, dort assen wir auch ab und zu. Während der letzten Schuljahre gingen auch noch die beiden Zollinger-Mädchen aus dem Hotel Fex in Sils zur Schule, zuvor waren wir die Einzigen gewesen. Insgesamt waren wir sechs Geschwister: drei Buben und drei Mädchen. Zwischen Ricardo, dem Ältesten, und Silvia, der Jüngsten, lagen 22 Jahre.

Zwischen 1953 und 1958 waren wir noch einmal im Winter unten. Weshalb, weiss ich nicht. Dann gingen wir wieder hoch, und Papa verkaufte unten alles: das Haus in Farzett, vor Castasegna, in dem heute die City-Tankstelle und die Bank sind, und den grossen Stall dane-

ben. Als ich hier das Haus übernahm, zogen meine Eltern ins Bergell. Meine älteste Schwester schaute zu ihnen. Papa wurde fast 97, Mama 89. Im Sommer kamen sie oft zu uns, Papa half noch mit 92 Heuen. *Er isch es aktivs Männli gsi*. Er wusste viel und hat auch viel erzählt. Wir hätten Notizen machen sollen. Einmal erzählte er, er sei von hier zu Fuss nach Castasegna gelaufen, um die Militärkleider zu holen, als er eingezogen wurde. Sie konnten nicht Velo fahren, nichts. Wir Zwillinge bekamen, als wir zwölf waren, von irgendjemandem ein Velo. Bis dahin wussten wir gar nicht, was das ist. Während der vier Monate Sommerferien waren wir ja nie in Sils. Wir waren immer *da hine*. Strom erhielten wir erst 1953, alles unterirdisch in Kabel verlegt. Vorher hatten wir Petrollicht und Gaslampen.

Das Hotel Fex stand ursprünglich in St. Moritz. Man rupfte den Riegelbau ab und stellte ihn hier wieder auf. Zuerst gehörte er Gian Fümm vom Hotel Sonne. Offen war das Hotel Fex nur im Sommer, es war wie ein Ferienlager geführt. Wir Kinder waren scheu: Wenn Gäste durchspaziert sind, sind wir immer davongerannt. Im September, wenn ich auf die Jagd ging, sah man keinen Menschen mehr hier hinten. *Jösses!* Im Winter war überhaupt niemand da.

Aber: Die Bedingungen im Bergell waren noch härter. Das waren Welten! Unten liegt alles am Hang. Ich habe das selber erlebt: Wir haben alles von Hand gemäht und gebuckelt! Den Mist hinaustragen auf dem Buckel! Hier ist das Land viel einfacher zu bewirtschaften. Das Fex ist schön! Und man konnte auch den Winter durch etwas dazuverdienen: Mein Vater transportierte ein-, zweimal am Tag Fexerplatten vom Steinbruch mit dem Ross und dem Schlitten nach Sils. Eine Familie aufzuziehen nur mit Landwirtschaft, das ist schwierig. Die Milch verkaufte er täglich in die Latteria nach Sils. Im Frühling machte er Käse und Butter. Die Butter assen wir aber nicht selber, sondern mein Vater brachte sie mit dem Ross zu Hanselmann nach St. Moritz. Irgendwie mussten sie überleben.

Fleisch assen wir nur, wenn Papa *gmetzget* hatte. Das gab dann *e bitz* Salami, Würste und Schinken. Das Fleisch, das Papa von der Jagd brachte, machte Mama in Sterilisiergläsern ein. Das Menü war einfach das Menü: am Montag das, am Dienstag das. An einem Tag gab es Gerstensuppe, am anderen Kastanien. Die assen wir oft, gekocht und roh, wir hatten unten ja eigene Kastanien. Meine Mutter machte auch *Farüda*: weichgekochte Kastanien in der Schale, wie Vermicelle. Übrig gebliebene Maroni nahmen wir in die Schule mit. Die anderen Kinder waren immer scharf darauf. Die Polenta stand mitten auf dem Tisch auf einem Holzteller, und jeder konnte davon abschneiden und mit Käse essen. Mit kalter Milch: Das ist fantastisch! Polenta hätte ich jeden Tag essen können. Ich sehe heute noch Mama, wie sie auf dem Holzherd eine Pfanne voll Wasser machte, einen Löffel selber gemahlenes Kaffeepulver und Zichorie dazugab, damit der Kaffee nach etwas roch. Das Ganze schüttete sie dann in eine Aluminiumkanne. Später kaufte sie Ovomaltine, eine grosse Büchse, dann tranken wir das. Die *Konfi* war immer die gleiche: Vierfruchtkonfi von Roco oder Hero, die einem zu den Ohren rauskam. Und Birnel, eine klebrige Melasse, welche die Gemeinde für die ganze Bevölkerung bestellt hatte. In Zehn-Liter-Kübeln kaufte Mama geschnittenes Sauerkraut. Im Garten hatten wir ein wenig Salat, Lauch und *Rüebli fürs Büebli*. Und Heidelbeeren. Wir Kinder gingen mit, wenn die Eltern pflückten. Hinten im Tal hatte es unglaublich viele. Es gab Jahre, da machten wir mehr als dreissig Kilo, das gab dann wunderbare *Konfi*. Einmal in der Woche brachte Schulze mit dem Pferdewagen Brot. Die Gemüsehändlerin kam mit dem Schimmel. Äpfel und Birnen waren das Teuerste. Wir assen wenig Früchte und Gemüse. Einmal in der Woche kam aber per Post aus Kerzers eine Schachtel mit Gemüse: Blumenkohl, Sellerie, *Härdöpfel* und Spinat. Anderes kaufte Papa bei Prevosti ein: sackweise Zucker, Mehl und Polenta. Alles wurde aufgeschrieben und am Ende des Monats bezahlt.

Das ganze Land mähten wir von Hand. Als ich zehn war, fing ich mit der Sense an. Den ersten Motormäher kaufte Papa 1958. Zwei Jahre später das erste *Traktörli*. 1978 den ersten Transporter. Wenn es schneite, machte Papa jeden Tag die Strasse bis Crasta: Er montierte ein Brett vor den Schlitten und ging mit dem Ross. Von der Gemeinde erhielt er dafür einen kleinen Beitrag. Man würde gar nicht meinen, dass das möglich ist! Als Kind erlebte ich das erste Auto im Fex. Es gehörte Professor Staub, einem bekannten Geologen, der in Platta wohnte. Er hatte als Erster eine Bewilligung für die Strasse im Fex. Später kam Toni Fümm, der hatte einen Militärjeep. Das waren die ersten Autos. Übrigens, in den Jahren, als wir noch mit den Tieren ins Bergell gingen, hatte es auf der Passstrasse kaum ein Auto. Aufwärts war es schwierig: Die jungen Tiere wurden müde und legten sich hin. Wir brachten sie kaum mehr auf. Zwölf bis vierzehn Stück Vieh: Das war zum Verzweifeln! Aber irgendwie ist es immer gegangen. Wenn es wenig Schnee hatte, gingen wir von Maloja nach Isola und über den *Hoger* ins Fex. Wenn es viel Schnee hatte, gingen wir nach Sils Baselgia und nahmen den alten Weg, Truoch, an der Pensiun Chastè vorbei. Wir zogen morgens um drei Uhr los, denn wir hatten zehn Stunden zu laufen. Papa band die Hühner, die Katze und die ganz kleinen Kälber auf den Wagen und fuhr hoch. Am Mittag trafen wir uns dann in Plaun da la Fola, gegenüber von Cavril, und assen dort Zmittag. Er fuhr dann weiter, und wir kamen zu Fuss nach. Mama kam mit dem Postauto, sie hatte Probleme mit den Hüften.

Nach der Schule half ich Papa und arbeitete im Winter im Steinbruch. 1959 machte ich den Skilehrerkurs in Arosa und arbeitete danach im ‹Suvretta›, St. Moritz. Als ich dort anfing, waren wir 27 Skilehrer, alles Einheimische, jetzt sind es in der Hochsaison gegen zweihundert, davon viele Unterländer. Man kannte sich, ging am Abend etwas trinken miteinander. Jetzt geht jeder seinen Weg, jeder hat ein Auto. Nach 35 Jahren Skilehrer habe ich mit der Skischule aufgehört und hatte nur noch Privatgäste.

1965 machte ich den Bergführerkurs. Und im selben Jahr noch die Fahrprüfung. Wir hatten das *Fiätli* 850, ein Superauto, mit dem Motor hinten. Das kam im Winter überall hinauf. Dann fing ich an, bei Conradin Meuli als Dachdecker zu arbeiten. Zuerst war ich angestellt, später wurde ich Partner, und wir führten das Geschäft zusammen.

Silvia, mit der ich sieben Jahre lang zur Schule gegangen war, sagte immer: *So n'en Kline will i niä!* Im Winter 1967 begegneten wir uns dann wieder im ‹Suvretta›. *Dört het's klick gmacht und isch passiert gsi.* Sie war Hilfsskilehrerin und hatte als OP-Schwester in Bern für einen Winter ausgeactat. Im nächsten Jahr arbeitete sie dann in Samedan, und im Frühling 1969 heirateten wir. Danach übernahmen wir alles. Haus und Land kaufte ich Papa ab. Wir begannen zu bauern, und ich arbeitete als Skilehrer in Suvretta und als Dachdecker. Mistgabel statt Operationsinstrumente: *Si mues mi gärn kha ha, susch wär si nid da ine kho.*

D'Meitli, Martina und Eva, sind dann auch oft zu Fuss zur Schule nach Sils. Es hatte aber mehr Kinder, und ab und zu fuhr man sie mit dem Auto. Im Altersheim durften sie mittagessen, in der Chesa Fonio. *Ich ha gkrampft wiä verrückt. Mir händ scho äs schtrengs Läbe kha. Schtreng, aber schön.* Im Sommer war ich zehn Stunden auf dem Dach, und ab Ende Oktober bis Mitte April war ich dann so gut wie gar nicht zuhause. Für Bergtouren hatte ich nach der Heirat keine Zeit mehr. Wenn ich mal an einem Sonntag zuhause war, ging ich mit den *Meitli* fahren, aber das kam nicht oft vor. Der Bauer war sozusagen meine Frau. Ich nahm nur während dem Heuen frei.

Der Mai ist für mich hier die schönste Zeit, wenn niemand hier ist. Von mir aus könnte es das ganze Jahr so sein. Mit der Zeit gewöhnt man sich zwar an die vielen Leute, aber ich müsste es nicht haben. In Sils hat es wenige Leute in meinem Alter. In den ersten Jahren, als ich Skilehrer war, haben wir am Abend in der ‹Marchetta› immer noch etwas getrunken. Mit Peter Godly konnte man sich gut unterhalten. Bei Schimun Nett waren wir auch oft in der ‹Post›. Aber das ist lange her. Im Mai ist hier ja alles zu: Da sieht man, wie viel wir Einheimischen wert sind. Wir leben alle vom Tourismus, aber der Tourismus macht vieles kaputt. Am meisten plagt mich: Heute leben alle gut, und doch wollen sie immer mehr! Wir fingen damals einfach an. Nach der Heirat hatten wir nur in der Küche fliessend Wasser. Als Erstes bauten wir eine Toilette und ein Bad. Wir haben viel selber renoviert. Bis 1975 kochten wir auf dem Holzherd. Wir steckten alles Ersparte ins Haus. Ich bin ein richtiger Bergeller: Ein Bergeller macht nie einen Schritt, der länger ist als sein Bein. Und das ist gut so. Kühe hatten wir bis 2004. Martina suchte damals mit ihrer Familie ein Haus. Und so bauten wir den Stall aus. Und im zweiten Stall wohnt heute Eva mit ihrer Familie.»

Ladina Kobler
Sils ist für mich wie ein Paradies

Von sieben bis halb acht Uhr morgens sei die schönste Zeit im Betrieb, sagt Ladina Kobler: *«Wenn no niemert ume isch. Dänn trink i zerscht Kaffe und denn lueg i alli mini Zetteli na.»* Die täglichen Aufgaben, die sie auf den Zetteln notiert, sind ihr nicht ausgegangen, obwohl sie die Führung des Hotels Seraina bereits vor zehn Jahren an ihren Sohn Markus und dessen Frau Sabine übergeben hat. Nona, wie das Personal sie nennt, betreut Gäste und erledigt, was gerade anfällt. Im Winter malt und bastelt sie und bindet Sträusse aus Trockenblumen.

Ladina Kobler empfängt mich im Speisesaal des Hotels Seraina und bittet mich ins Stübli, wo über weiss gedeckten Tischen die Bilder ihres Grossvaters Samuele Giovanoli hängen. Eine poetisch-naive Malerei mit Sujets aus der Gegend: Diavolezza, Bernina, Cavloch mit dunkelblauem Himmel, die Kirche im Fextal, Blumenstillleben und mehrmals die Landschaft um Sils, schlichtweg das Paradies. «Er war ein gläubiger Mensch», erzählt Ladina Kobler, «deshalb malte er die vielen Bilder vom Paradies.» Giovanolis Vorbild sei Segantini gewesen: «Aber nur in der Farbtechnik, nicht im Stil.» An ihren Grossvater erinnern kann sie sich kaum. Als er 1941 starb, war sie gerade mal vier Jahre alt.

Für unser Gespräch nehmen wir einen Stock höher in einem soeben gemachten Hotelzimmer Platz. Es ist Ende März, das Haus ist noch immer gut belegt. Die Gäste, die im Zimmer waren, sind heute Morgen abgereist, am Nachmittag werden neue einziehen. Im Raum ist es kühl. Ladina Kobler dreht die Heizung auf und beginnt zu erzählen.

«Ich bin 1937 in der Pensiun Privata geboren, dem heutigen Hotel Privata am Dorfplatz. Die Eltern meiner Mutter führten die Pension: Madalena und Nuot Bezzola. Wir Kinder sind alle mit Hilfe einer Haushebamme im Winter dort geboren. Paula, meine Mutter, ist in der Pensiun Privata auch aufgewachsen.

Mein Vater Arno und seine Zwillingsschwester sind im Fextal in der Pensiun Crasta bei der ledigen Tante Victorina aufgewachsen, weil die Frau meines Grossvaters, Samuele Giovanoli, bei der Geburt der Zwillinge gestorben ist. Er blieb mit den sechs anderen Kindern in seinem Haus La Motta, und die älteste Tochter, Madalena, übernahm die Funktion der Mutter. Mein Grossvater ist heute als Maler bekannt, aber sein Hauptberuf war Bauer. Daneben war er Bergführer und bewirtete ab und zu Gäste, um zu überleben. Mit Malen begann er erst später und eigentlich mit der Idee, etwas damit zu verdienen. Er gab die Bilder dann aber *für nüt*. Und er bemalte die Wände in seinem Haus: eine Kuh mit einem Kalb und ein Pferd mit Fohlen in Lebensgrösse. Die deutsche Sprache eignete er sich selber an, indem er las: die Bibel, Goethe, Thomas Mann und Hermann Hesse – gehobene Bücher. Mein Bruder Noldi, ein grosser Naturfreund, baute ‹La Motta› dann aus. Er starb 1999. Heute leben seine Frau dort und seine Tochter mit ihrem Mann.

Meine Eltern waren in Sils zusammen zur Schule gegangen. Als mein Vater einen Beruf lernen wollte, sagte Tante Victorina: Das geht nicht. Ich habe dich grossgezogen, jetzt musst du hierbleiben und mir helfen. Also begann mein Vater zu kochen. Er machte ein paar Kochkurse und arbeitete zusammen mit unserer Mutter im Winter in der Pensiun Privata bei den Grosseltern, im Sommer führten unsere Eltern die Pensiun Crasta zusammen mit Tante Victorina Fümm. Unser Vater wurde dann auch Skischulleiter in Sils und hatte eine kleine Holz- und Kohlenhandlung in den Garageboxen des damaligen Hotels Barblan, im heutigen Hotel Schweizerhof.

Im Auftrag von Tante Victorina mussten wir Kinder immer um zwölf Uhr die Glocken des Fexer Kirchleins läuten. Wenn man am Spielen ist, hat man nicht unbedingt Lust dazu. Meine Brüder und ich wechselten uns also ab. Eines Tages schrieb ich dann auf einen Zettel, den ich an die Kanzel hängte: ‹Lieber Gott, mach, dass Tante Victorina sofort taub wird.› Es ist dann aber nichts passiert.

Als ich neun Jahre alt war, begann ich zu servieren. In die ‹Privata› kamen damals intellektuelle Leute, unter anderen Marc Chagall mit seiner schönen Frau mit dem schwarzen Chignon. Ich war dreizehn, als Chagall zu meinem Vater sagte, er solle dafür besorgt sein, dass jemand morgens und nachmittags mit seiner Frau spazieren geht, weil er dann malen möchte. Ich bekam den Auftrag. Um vier Uhr, als wir ins Hotel zurückkamen, beschloss ich: Das mache ich nicht mehr. Sie sprach nur Französisch, ich nur Romanisch und Deutsch. Wir konnten somit kaum miteinander sprechen. Ausserdem ist sie in den Wäldern so langsam *umetschamplet*. Am Abend nahm ich die Schuhe von Chagall, die vor seinem Zimmer standen, und steckte eine seiner Skizzen in einen Schuh, die ich in seinem Malzimmer gefunden hatte. Hinten drauf schrieb ich: ‹Je ne veux *pü* spazieren mit dini Frau.› Als meine Mutter dies entdeckte, musste ich mich bei Chagall entschuldigen. Er hat nur gelacht, das romanische Wörtchen *pü* hat er wohl verstanden. Schliesslich ging mein Vater mit Frau Chagall spazieren. Heute müsste man für eine solche Betreuung natürlich bezahlen. Auch für Skireparaturen, die mein Vater oft gratis ausgeführt hat.

1951 bauten unsere Eltern die Chesa Suot Crastas. Von

da an waren wir im Winter hier und nicht mehr in der Pensiun Privata. Annigna Bezzola, eine Schwester meiner Mutter, führte diese dann weiter.

1961 übernahmen meine Eltern die 1748 erbaute Chesa Robbi-Fonio mitsamt allem Inventar, um sie zu einem Hotel auszubauen. Uns sagten sie: ‹Wir können das Haus nur kaufen, wenn ihr drei Kinder hierbleibt und mitarbeitet.› Wir sagten alle Ja, auch mein Bruder Dumeng, der ein fanatischer Skirennfahrer war. Er kochte, und mein Bruder Noldi half in der Skiwerkstatt meines Vaters mit. Meine Mutter und ich halfen im Büro, in den Zimmern, und wir servierten. Heustall und Stall kamen weg, stattdessen baute man einen Speisesaal und Zimmer für das Personal. Die Möbel in den Zimmern waren nobel: Paula Kellenberger Fonio hatte sie aus Barcelona mitgebracht, wo ihr Mann Geschäfte machte. Im Parterre gab es eine grosse Arvenstube, vis-à-vis lag das Klavierzimmer, die Küche und die *Spensa*, die Vorratskammer. Im ersten und zweiten Stock gab es ein grosses Dienstmädchenzimmer und fünf weitere Zimmer.

Unsere Gäste kannten uns aus der Pensiun Crasta, und sie kannten meinen Vater, der Skilehrer war. Damals war man als Skilehrer um vier Uhr nicht fertig, sondern man ging *no go öppis trinke*, man war Entertainer. Neben dem Hotel baute Papa dann auch ein kleines Sportgeschäft, in dem er mit Noldi zusammenarbeitete. Die Sechzigerjahre waren gute Jahre. Und die Siebziger noch mehr: Sils wurde bekannt, und mit dem Langlauf kam ein grosser Aufschwung.»

Nun müssten wir eine Pause machen, sagt Ladina Kobler und lädt mich zum Essen ein. Den Speisesaal, wo die Hotelgäste frühstücken und nachtessen, haben wir für uns alleine. Nur ganz hinten in der Ecke sitzt eine Skilehrerin mit einer Kinderschar. Die Gastgeberin geht in die Küche, um das Essen zu bestellen. Sie bewegt sich mit der Selbstverständlichkeit einer Herrin, die sich mit Tracht und antikem Halsschmuck den Vorstellungen ihrer Gäste entsprechend präsentiert. Den Holundergelee, den der Kellner zum Hagenbuttentee serviert,

hat Ladina Kobler selber gemacht: «*In d'Beeri und in'd Krüter gang i viel. Und in d'Pilz!* Roten Holunder und Sanddorn finde ich im Bergell. In Guarda hole ich Bovisten. Einmal wog einer fünf Kilo. Am Abend änderten wir sofort die Vorspeise, und 65 Personen konnten davon essen.» Neben den Konfitüren sind an der Rezeption des Hauses auch die selbst gemachte Arnikatinktur, die Ringelblütensalbe und der Föhrenzapfenschnaps zu kaufen.

Ladina Kobler holt das Gästebuch der Pensiun Crasta aus den Sechzigerjahren. Doch schon bringt der Kellner Platten mit geschnetzeltem Kalbfleisch, Nudeln, Gemüse und Steinpilzen. Während wir essen und uns über gemeinsame Bekannte unterhalten, nimmt der Kinderlärm hinten im Saal zu. Schliesslich steht die Gastgeberin vom Tisch auf, geht zu den Kindern hin und erklärt: «Die Hotelgäste können, wenn ihr so laut seid, ihren Mittagsschlaf nicht machen. Das versteht ihr doch?» Für einen Moment wird es tatsächlich ruhig.

Ein Mittagsschlaf käme ihr selber nicht in den Sinn, aber die Zigarette nach dem Essen, die gehört dazu. Sie verschwindet für einen Moment in ihr Büro und kommt, parat für den zweiten Teil unseres Gesprächs, frisch duftend nach Lavendelseife wieder zurück.

«Für uns Engadiner ist das Tanzen wichtig. Oft bin ich erst um sechs Uhr früh nach Hause gekommen. Dann habe ich die Tracht angezogen und um sieben Uhr den Gästen das Frühstück serviert. Als ich einmal wieder mit Gian Pitschen tanzen gehen wollte, sagte Papa: Du immer mit deinem Tanzen. Studier lieber einen Namen für das Hotel aus. Ich sagte: Seraina! Sein Gesicht hellte sich auf, und er sagte: *Ja, isch guet* – ich durfte tanzen gehen. Seraina heisst auf Romanisch heiter, fröhlich.» Gian Pitschen hatte zwei Haken: Er war katholisch und geschieden.

«Meine Eltern schauten, dass sie in St. Moritz bei Protestanten kauften. Nur beim Bäcker machten sie eine Ausnahme. Man dachte: *Trotz allem, das isch de Beck vo Sils.*»

Paul Baumgartner lernte Ladina Kobler im Hotel kennen, wo der Witwer mit dem Skiclub Langnau a. Albis Ferien machte. Im Winter 1968 heirateten die beiden und übernahmen die Führung des Hotels. Der gelernte Polier lernte Kochen, und Ladina Kobler übernahm die Funktion der Mutter für Markus, Paul Baumgartners Sohn aus erster Ehe. Im Jahr darauf kam Gian Reto zur Welt. Doch dann, das gemeinsame Kind war wenige Monate alt, starb Paul Baumgartner bei einem Autounfall auf der Heimfahrt von einem Skirennen auf der Diavolezza.

«In der Zeit darauf arbeiteten meine Eltern tagsüber mit mir. Eines Tages sagte Vater: ‹Ohne Mann geht das nicht.› Ich selber war nicht in Stimmung, ich sagte immer, ich wolle keinen anderen. Doch mein Vater buchte einen Sunshine-Vorkurs für mich in St. Moritz: eine Woche Skifahren für wenig Geld. Es wurde eine richtig lustige Woche mit Tanz und Après-Ski. Das hat mich wieder geöffnet. In derselben Zeit brauchte Vater einen Koch.

Von Rolf Kienberger, mit dem er befreundet war, hörte er von Fredi Kobler, der die Lehre im ‹Waldhaus› gemacht hatte. Fredi Kobler war mittlerweile in Wädenswil angestellt, als mein Vater ihn aufforderte, zu künden und zu kommen. Das machte er. In der Zwischensaison gab es Milchreis mit Zwetschgenkompott. Denn Rolf Kienberger hatte zu meinem Vater gesagt: ‹So gut hat noch kein Lehrling dieses Gericht zubereitet.›

In der ersten Zeit, in der er hier war, achtete ich mich nicht, und er hatte immer mal wieder Besuch von einer aus dem Unterland. *Aber zmal hät er mir glich gfalle, diä isch nümme kho und i han dänkt: Das ist nid schlecht.* Im Oktober 1972 heiraten wir, und ein Jahr später kam Cornelia auf die Welt.»

Danach wurde viel gebaut: Das Hotel erhielt zehn zusätzliche Zimmer, im Anbau entstanden etliche Ferienwohnungen. Der Speisesaal wurde renoviert, und schliesslich bauten Koblers beim Eisplatz zwei neue Häuser. Sie kauften die unter Heimatschutz stehende alte Schmiede auf der gegenüberliegenden Strassenseite und bauten sie aus. 1999 zogen sie dort ein, sozusagen ins Stöckli. Im Jahr darauf erkrankte Fredi Kobler an akuter Leukämie und starb innert weniger Tage im Alter von 58 Jahren. Ein zweites Mal verlor Ladina Kobler völlig überraschend ihren Mann.

«Nach jedem Schlag hatte ich immer wieder Glück: Ich erhielt von vielen Menschen Hilfe, ohne sie selber gesucht zu haben. Vor allem von meiner Familie. Wenn ich traurig bin, kann ich mir auch sehr gut mit Beten helfen. Für etwas haben wir ja den Liebgott! Den Tod meines Mannes habe ich heute weitgehend überwunden. Und wenn man sein Leben wieder im Griff hat, dann hat man Freude an allem.»

Und Sils? Wie hat sich das Dorf verändert?
«Da fragen Sie die Falsche! Wir haben viel gebaut. Allgemein sagen kann ich: Sils ist für mich wie ein Paradies. Es hat so viel Wärme, so viel Liebliches. Diese Kraft, wenn Sie zum See hinausgehen! Gut finde ich, dass die Häuser in einem Stil gebaut sind, den man anschauen kann: Die Formen der Dächer entsprechen einander alle. Allerdings: Was schon besteht, soll ausgebaut werden können. Bestehendes sollte besser ausgenutzt werden. Ein Keller mit Fenstern sollte beispielsweise als Wohnung für Junge ausgebaut werden können. Man muss sich dem Lebensstil der heutigen Jungen anpassen, das ist wichtig, sonst springen sie ab. Es braucht Bauland, aber keine spekulative Bauten.»

Verträgt Sils noch mehr Häuser?
«Für mich schon. Nicht viel, kein Hotel mit vierhundert Betten, aber ein paar Wohnhäuser für Einheimische. Aber das kann sich niemand leisten. Zahlbare Wohnungen gibt es, aber nicht viele.»

Sie selber sind davon nicht betroffen. Gibt es etwas, was Sie in Sils stört?
«Mit der Kirche im Dorf habe ich Mühe, seit die Bänke nicht mehr drin sind. Den Pfarrer mag ich sehr gerne, aber in dieser Kirche bin ich weiter weg von Gott als in anderen Kirchen. Früher war das unsere Kirche: Meine Eltern haben hier geheiratet, ich selber und alle meine Kinder wurden hier getauft und konfirmiert, und zweimal habe ich hier geheiratet. Näher bei Gott bin ich heute in meinem Garten. Meine Blumen sind meine Engel, sie führen meine Gedanken *schnurstracks zum Liebegott.*»

Marco Fümm
Ich bin lieber ein Fexer

Marco Fümm hat einen anstrengenden Tag hinter sich. Der Transportunternehmer war den ganzen Tag mit seinem Lastwagen unterwegs, jetzt, um sechs Uhr abends findet er einen Moment Zeit für ein Gespräch. Die Chesa Primula, wo er zusammen mit seiner Frau Christa wohnt, liegt «z'mitzt im Chueche», wie er sagt, in der Nähe des ehemaligen Café Schulze. «Wir mögen es gerne heimelig», meint Marco Fümm in der Stube, deren Täfer und Decke ein Schreiner aus St. Moritz gefertigt hat.

Kaum beginnen wir unser Gespräch, läutet sein Handy. Ein Mitarbeiter. Marco Fümm bespricht mit ihm kurz den morgigen Auftrag. Am Ende des Gesprächs dankt er ihm für die heute geleistete Arbeit. Als ich ihn darauf anspreche, meint er: «Der Einsatz meiner Mitarbeiter ist für mich nicht selbstverständlich.» In seinem Betrieb sind sechs Italiener und drei Engadiner angestellt.

Seit Jahren schon ist er mit seiner Firma für die Strassenräumung zuständig. Im Winter steht er um vier Uhr morgens auf und kontrolliert auf dem Terrassengeländer, das er am Vorabend leergeschaufelt hat, die Höhe des Schnees. Je nachdem geht er nochmals schlafen, oder er macht sich an die Arbeit. Drei Schneepflüge, drei Schneefräsen und zwei Lastwagen machen die Gemeinde, das Fex und Furtschellas wieder befahr- und begehbar. Zuerst kommt der Pflug, dann die Fräse und zum Schluss der Lastwagen zum Einsatz. «Die Arbeit benötigt eine gewisse Übung», sagt Marco Fümm. Zum Teil wird der Schnee in den Inn gekippt, zum Teil wird er zum Silvaplanersee transportiert.

Im Winter ist er fast ausschliesslich mit dieser Arbeit beschäftigt. Manchmal von fünf Uhr früh bis sieben Uhr abends. Die Pause dazwischen ist kurz.

Seit neuem beliefern seine Mitarbeiter auch sämtliche Volg-Läden der Gegend. Jetzt, es ist Ende Juni, stehen andere Einsätze an. Morgen wird er mit dem Sattelschlepper nach Österreich fahren, um Ziegel zu holen, mit denen er über den San-Bernardino-Pass nach Chiasso fahren wird. Auf dem Rückweg wird er irgendwo auf dem Rückweg in der Kabine ein paar Stunden Schlaf finden.

«Meine Vorfahren kamen im 17. Jahrhundert über Avers ins Fex. Als Knechte und Hirten bewirtschafteten sie die Maiensässe für die Silser Herren, Familien wie Fonio, Curtin, Barblan. In der Kirche im Fex kamen Grabsteine von Fümms aus dieser Zeit zum Vorschein, die an der Pest gestorben sind.

Der Vater unserer Urgrossmutter, Elsa Nadig, kaufte zu Beginn des 19. Jahrhunderts die ‹Alpenrose›. Ich glaube, er kam aus dem St. Galler Oberland. Er machte dasselbe, was ich heute mache, nur mit Pferden: Er führte Waren nach Italien und wieder zurück. Man nannte das Lohnfahrer. In der ‹Alpenrose› war damals die Post, und es befand sich dort auch eine Pferdewechselstelle für die Reisenden, die über den Julier kamen. Erst später eröffnete mein Urgrossvater die ‹Alpenrose› als Hotel.

Unsere Urgrossmutter war eine tüchtige Gastgeberin. Ihr Pate, Professor Curtius, vererbte ihr die alte Mühle in Sils. Später verkaufte sie die ‹Alpenrose› und wirtete im Fex an verschiedenen Orten, in Sül Muot und auf Curtins. Als sie merkte, dass das Geschäft im Fex gut lief, verkaufte sie die alte Mühle und baute mit dem Erlös 1901 das Hotel Sonne. Mein Grossvater, Anton Fümm, und seine Brüder halfen beim Bau. Die Steine für die Mauern holten sie alle selber in der Val Crasta. Meine Tante eröffnete in dieser Zeit auch die Pensiun Crasta.

Mein Urgrossvater bauerte und machte die Post, er versteckte sich eher vor den Leuten. Aber die Tochter, Elsa

Nadig, meine Grossmutter, half im Hotel mit. Und nicht nur sie: Das ganze Fex arbeitete in der ‹Sonne›. Die Mutter von Hans Rominger arbeitete beispielsweise in der Lingerie. Ich würde sagen, dank unserer Urgrossmutter konnten damals viele Fexer überleben. Sie hatte Temperament und Ausstrahlung, sie war eine starke Frau. Als Gäste kamen vor allem Gruppen aus Zürich.

Elsa und Anton Fümm, meine Grosseltern, führten die Post. Sie hatten drei Buben: Reto, Marco und Anton, mein Vater. Während dem Aktivdienst lernte er im Rheintal Elsi Indermauer kennen. Sie heirateten, und ich bin dann 1948 in der Post in Crasta geboren. Nach meinem Grossvater führte mein Onkel Marco die Post. Barba Reto war ein moderner Mensch: Er machte im Unterland eine Lehre als Maschinenmechaniker und wohnte in Chur. Er war der Einzige, der aus dem Fex wegging. Ich erinnere mich, wie er fluchte, wenn er hierherkommen musste. Er erzählte uns vom Militär, was wir sehr interessant fanden. Wir hatten ja keinen Fernseher, und als es später die Hörspiele mit Ruedi Walter gab, sind wir fast ins Radio gekrochen.

Mein Vater bauerte. Mit über dreissig Kühen war er damals einer der grössten Bauern im Engadin. Er hatte vier Ställe: zwei hinten in Curtins und zwei in Crasta. Gewohnt haben wir in der Post in Crasta und in Chalchais. Unser Leben richtete sich nach den Kühen, das heisst, wir zogen mit dem Traktor *und e bitz Plunder* hin und her: Den Sommer verbrachten wir in Crasta. Von Oktober bis Weihnachten waren wir in Curtins, wo die Kühe zuerst von der Alp zurückkamen, dann wieder in Crasta, ab Ostern wieder zwei Monate in Curtins, wo die Kühe ausgefüttert wurden.

Ich bin also ein richtiger Fexer. Und lieber ein Fexer als ein Silser, obwohl ich in Sils zur Schule ging. Meine

Kindheit im Fex war schön, wir waren praktisch alle eine Familie.

In den drei ersten Schuljahren bei Lehrer Stupan haben wir sozusagen nichts gelernt. Wir waren neun Jahrgänge in der Klasse, insgesamt dreissig Schüler. Während er die Grösseren unterrichtete, haben wir gezeichnet. Dann kam die Pause, und dann haben wir nochmals eine Zeichnung gemacht. Ab der vierten Klasse hatten wir zwei Lehrer, dann lernten wir ein wenig mehr.

Die Wintersaison war kurz und bescheiden: Von Neujahr bis Ostern war Flaute. Als ich etwa sechs Jahre alt war, hatte Tante Victorinia an Weihnachten vier Gäste, und wir fanden schon: *Öla, das isch ja ganz verruckt!* Das Hotel Sonne profitierte auch vom Tourismus in St. Moritz. Täglich kamen von dort sieben bis acht Pferdeschlitten, um über Mittag bei meiner Urgrossmutter zu essen. Es wurde nicht direkt so gesagt, aber ich spürte als Kind, dass die Touristen etwas bringen und wir ihnen etwas geben. Ein Gast musste wie ein Gast behandelt werden. Es waren auch gute Gäste, die zwei bis drei Wochen blieben. Im Winter war Papa Lehrer in der Skischule Suvretta, die er mitbegründet hat.

In Crasta eröffnete meine Mutter in der Post ein *Lädeli* mit Heimatkunst aus dem Rheintal und anderen Gegenden, hauptsächlich gewobene Stoffe, gehäkelte Decken und Kissen. Später sah meine Mutter, dass das Einkommen in Sils besser war. 1961 kauften meine Eltern deshalb die Chesa Fümm, ein altes Engadiner Haus am Dorfplatz, das damals einem Cousin meines Vaters gehörte. Kurz darauf bauten sie den Laden, den heute meine Frau führt. Meine Eltern verkauften einer Familie Müller aus Zürich ‹Chalchais›, Haus und Stall. Mein Vater kaufte die Holz- und Kohlenhandlung von Arno Kobler und hörte mit Bauern auf. Ihm fiel das schwer.

Aber auch da war meine Mutter die Starke. Die Frauen sind so. Mein Vater sagte immer nur: *Ja, isch guet, machemer, machemer.*

Von da an wohnten wir das ganze Jahr in Sils. Im Keller hatten wir die Küche und im Estrich zwei Zimmer, der Rest des Hauses wurde im Sommer vermietet, auch unsere Wohnung.

Von den sechs Buben meines Jahrgangs ging keiner in die Sekundarschule. Ich machte eine Autolehre in der Kulm-Garage in St. Moritz, das war schon mein Beruf als Dreijähriger – obwohl es im Fex fast keine Autos gab. Papa war einer der ersten Bauern, der eine Mähmaschine und einen Mistzetter, einen Traktor und einen Jeep hatte. Motoren, für mich gab es nur das.

Nach der Lehre ging ich nach Morges zu Saurer. Meine Frau, die in St. Moritz aufgewachsen ist und mit der ich damals schon zusammen war, arbeitete in Lausanne. 1971 gründete ich meine Transportgesellschaft und Garage, zwei Jahre später heirateten wir. Zuerst wohnten wir im Fex, in Vaüglia, wo auch Patrizia zur Welt kam, zwei Jahre später dann Gian Marco. Damals habe ich hauptsächlich Baumaterial gekippt, am Anfang mit einem Lastwagen, später hatte ich die Fiatvertretung. Und ich konstruierte eine Pistenmaschine, die einzige Maschine, die schwamm, wenn das Eis auf dem See einbrach. Sechs Stück davon habe ich verkauft, eine habe ich noch hier.

Während 25 Jahren, bis 1990, habe ich auch die Milch des Engadins nach Bever in die grosse Molkerei gebracht, von Maloja bis Strada. Mit dem Sattelschlepper fuhren wir jede Woche mit Milchkühlwannen nach Deutschland. Und für die Chemie war ich oft von Basel nach England unterwegs.

Meine Mutter ist hier immer eine Fremde geblieben.

Vielleicht war sie zu direkt, zu wenig diplomatisch. In meiner Kindheit war sie, soweit ich mich erinnere, die einzige Unterländerin im Dorf, die einen Einheimischen geheiratet hat. Sie spricht nur Deutsch, kein Romanisch und auch keine Fremdsprache. Uns Kindern war immer klar, dass wir Engadiner und Fexer stolz sein können. Ich hätte heute noch grosse Mühe, in einem anderen Dorf zu leben.»

**Maria Dietrich
und
Urs Kienberger**
Mir gefiel, dass Romingers eine
Küche hatten

Er sei kein echter Silser, meint Urs Kienberger, als ich ihn erstmals anrufe: «Aber kommen Sie mal vorbei, dann schauen wir, was sich machen lässt.»

Wenige Tage später treffen wir uns in der Halle des Hotels Waldhaus, wo einige Gäste um zehn Uhr morgens bereits hinter ihrer Zeitung sitzen. In der Bibliothek hat sich ein junger Mann ans Studium seiner Bücher gemacht. Die ruhige Ecke, wo wir niemanden stören, ist nicht so einfach zu finden. Schliesslich führt der Gastgeber die Besucherin am Speisesaal vorbei, die Treppe hoch und über einen schmalen Flur ins private Esszimmer der Familie. Auf dem weiss gedeckten Tisch, an dem achtzehn Personen Platz haben, steht noch die Blumendekoration vom Vorabend. Die Familie feierte drei Spätmärz-Geburtstage. Darunter auch den von Urs Kienberger. Seit 1989 führt er das Haus zusammen mit seiner Schwester Maria und deren Mann Felix Dietrich.

Vor über hundert Jahren hatten die Urgrosseltern von Urs Kienberger und Maria Dietrich eine kühne Idee. Sie errichteten an der Strasse, die ins Fextal führt, eine andere Welt: ein riesiges Hotel, auf einer Anhöhe über Dorf und See, unübersehbar schon von weit her. 1908 war das Haus bezugsbereit. Josef Giger und seine Frau Amalie empfingen Mitte Juni die ersten Gäste. Doch schon wenige Jahre später brach der Erste Weltkrieg aus und das Luxusleben der internationalen Gäste fand ein jähes Ende. Die nächste Generation der «Waldhaus»-Besitzer liess nicht locker: Tochter Helen, eines von drei Kindern, heiratete den Hoteliersohn Oskar Kienberger. 1918 übernahm das junge Paar die Leitung des Hotels. Und wieder kamen schwierige Zeiten auf das Haus zu: Es galt, während des Zweiten Weltkriegs durchzuhalten, was wiederum gelang.

Von den vier Nachkommen heiratete einzig Rolf Kienberger. Zusammen mit seiner Frau, Rita Meier Müller, übernahm er nun in der dritten Generation das Ruder. Vier gemeinsame Kinder wuchsen – mit Unterbrüchen – im «Waldhaus» auf. Zwei von ihnen, Maria Dietrich und Urs Kienberger, sitzen im März 2010 am Esstisch und erzählen.

<u>UK</u> «Ich bin 1952 in Davos geboren, wo meine Eltern während zwei Wintersaisons das Hotel Seehof führten. Das ‹Waldhaus› war nach dem Zweiten Weltkrieg nur im Sommer offen. Meine Grosseltern lebten damals noch. Mein Grossvater war überzeugt, dass ein Wintertourismus ohne Bahnen, in einem so kleinen Ort wie Sils, nicht gehe. Er glaubte, der Winterbetrieb würde uns ruinieren, nachdem er das Haus bis 1945 gerettet hatte. Zugleich riskierte er gerade mit dieser Einstellung ziemlich viel, denn die Wintersaison wäre eigentlich wichtig gewesen. Unser Papa hingegen wollte nach dem Krieg sofort wieder aufmachen. Schliesslich fanden sie nach einigen Jahren einen Kompromiss, indem das ‹Waldhaus› über Weihnacht/Neujahr während ein paar Wochen geöffnet war. Meine Eltern suchten für den Winter eine Aufgabe und leiteten zuerst den ‹Seehof› in Davos und danach zehn Jahre lang das ‹Chantarella› in St. Moritz. Im Sommer waren wir in Sils, im Winter in St. Moritz. Für uns Kinder hiess das: Wir kamen immer wieder in eine andere Welt. In der Schule in Sils sprachen wir romanisch, in St. Moritz deutsch. Im Frühling fing das Schuljahr in Sils an. Nach ein paar Wochen kamen vier Monate Sommerferien, anschliessend nochmals ein Monat Schule in Sils und dann sechs Monate Schule in St. Moritz. Ein halbes Jahr ist für ein Kind eine lange Zeit. Man ist wieder am Anfang. In Sils blieb jeweils Gio-

vanni Rominger alleine zurück. Er war der einzige Bub mit demselben Jahrgang wie ich. Den ganzen Winter war er alleine mit fünf Mädchen. Unser Lehrer, Herr Stupan, unterrichtete vier Klassen zusammen. Zwischen den Schulmonaten führte er die Molkerei. Und er eröffnete eine Bankfiliale, dort, wo heute die Kantonalbank ist. In den Pausen und in den Ferien war er in der Bank.»

MD «Bis elf Uhr hatten wir Schule, dann eilte er nach Hause. Die Bank war von elf bis zwölf Uhr offen. Am Nachmittag öffnete er nochmals von vier bis fünf Uhr. Und oft ging er auch in der Pause nach Hause, dann spielten wir ein wenig länger.»

Fühlten Sie sich bei den Mitschülern aufgenommen?
UK «In St. Moritz gehörte ich nie richtig dazu.»

MD «Wir waren weit weg vom Dorf. Das ‹Chantarella› liegt rund zweihundert Meter über dem Dorf. Am ersten Schultag kannte ich kein einziges Kind. Unsere Mutter hatte keine Zeit, um im Dorf zu *käfele* oder mit uns auf den Spielplatz zu gehen. Wir waren einfach dort oben.»

UK «Ab 1963 zogen wir dann ganz nach Sils. Ich war elf, Maria zehn. Das Silser Leben ging dann also los, und doch blieb es für mich eine Episode, denn nach zwei Jahren kam ich in ein Internat nach Fribourg. Von da an war ich nur noch in den Ferien hier und verbrachte die Zeit meist im Hotel.»

Welches waren für Sie die Attraktionen im Dorfleben?
UK «Ein Schlüsselwort ist natürlich *Chalandamarz*. Aber auch das Skifahren. Wir hatten Donnerstag- und Samstagnachmittag frei. Zusätzlich fuhren wir mit der Schule an einem Nachmittag Ski. Es gab nur den einen Lift: Vanchera. Er befand sich vom Dorfplatz aus gegen die Schlucht hin, links oberhalb im Wald. Zuerst musste

man eine steile Wiese hochlaufen, weil der Besitzer dieser Wiese keinen Lift auf seinem Grundstück duldete. Da es nur diesen einen Lift gab, kannte man die Pisten wirklich gut. 1972 wurde der Lift aufgehoben, heute steht er bei Casaccia. Ich war kein Held im Skifahren. Ich ging lieber im Sommer alleine in die Berge. Einmal ging ich einen Frühling lang jeden Tag nach Marmorè hinauf, etwa dreihundert Meter über dem Dorf, um die Schneeschmelze zu beobachten.

Wichtig war auch der See. Unser Papa war im Unterschied zu den meisten anderen Männern im Dorf kein Fischer. Aber wir hatten einen Onkel aus Bern, der im Sommer hier arbeitete. Er ging jeden Tag zum See, mietete ein *Böötli*, und wir ruderten mit ihm auf die Insel hinaus und wieder zurück. Unser Vater, der zum Teil in Lugano aufgewachsen ist, schwamm auch im See. Mich hat das nie überzeugt, ich lernte erst schwimmen, als ich etwa 25 war.»

<u>MD</u> «Ich schwamm gerne im See. Papa nahm immer ein Thermometer mit und sagte, wenn das Wasser weniger als fünfzehn Grad warm war: Ich sag euch nachher, wie warm es ist. Bei dreizehn Grad sind wir auf jeden Fall ins Wasser getaucht und schwammen ein paar Züge bis zur Steinplatte hinaus, zur Silserplatte. In der zweiten Bucht der Chastè. Heute ist das Wasser ein wenig wärmer, und mehr Leute schwimmen im See.»

Und Chalandamarz?
<u>MD</u> «Am letzten freien Nachmittag vor dem 1. März besammelten wir uns am Dorfplatz, drehten dort eine Runde und gingen bis zum Hotel Fex. Man durfte dann dortbleiben und etwas trinken, was sehr speziell war, denn das ganze Jahr über waren wir sonst kaum je in einer Konditorei.»

UK «Auch nicht im Hotel. Wenn wir an der Bar einen Sirup verlangt hätten, wäre das nicht gut gewesen. Aber das war auch in Ordnung. So sind wir uns nicht wie Hotelgäste vorgekommen, sondern wie eine normale Familie.»

MD «An *Chalandamarz* holten die grösseren Buben am Morgen Kastanien bei Prevosti. Zum Zmittag, den es im ‹Waldhaus› gab, waren dann auch die Mädchen dabei. Und dann machten wir alles parat für den Ball, der hier im hinteren Speisesaal stattfand. Wir freuten uns sehr darauf: Es war fast das einzige Mal im Jahr, dass wir dort essen durften. Danach gab es für die Kinder ab vier Uhr Tanz, die Buben hatten bis dann fertig geläutet. Nachdem jeder bei sich zuhause znachtgegessen hatte, begann um acht Uhr der Ball, an dem die Kinder Theater spielten. Man hat das lange vorher einstudiert. Mütter und Väter waren da auch dabei. Danach gab es wieder Tanz. Um fünf vor zwölf Uhr hielt der Schulratspräsident jeweils eine Ansprache, bei der er mitteilte, wir dürften noch eine Viertelstunde länger tanzen. Anschliessend übernahm die *giuventüna* die Musik, die Jugend ab sechzehn Jahren. Für sie war das ein wichtiger Abend.»

Wie war das, wenn fast das ganze Dorf ins «Waldhaus» kam?
UK «Ganz normal. Es gab auch andere Bälle: den Schützenball, den Skiclubball. Man machte früher viel zusammen. *Chalandamarz* war für mich auch ein Moment, in dem ich realisierte, dass ich endlich grösser wurde: Zum ersten Mal bekam man ein Bier, man durfte länger aufbleiben.»

MD «Für die anderen Kinder war es genauso: Wir waren einfach ihre Schulkameraden.»

UK «Es gab auch Attraktionen für uns: Unsere Schwester Claudia besuchte mit grosser Begeisterung jeweils die

Bauernfamilie Coretti, weil es dort ganz anderes gab als bei uns: Stall, Kühe, Pferde und Felder. Ich wiederum bestaunte bei Romingers die Werkstatt und die Eisenbahn auf dem Dachboden.»

<u>MD</u> «Wir beneideten immer die, welche im Dorf wohnten und andere Kinder gleich nebenan hatten.»

<u>UK</u> «Auf eine Art ist man, zumindest in der Saison, fast in einem eigenen Dorfteil. Wir freundeten uns zum Teil auch mit Kindern von Gästen an.»

<u>MD</u> «Meine Tante hatte einen Hund, mit dem wir jeweils spazieren mussten. Meine Schwester und ich gingen am frühen Sonntagmorgen mit dem Hund dann einfach zu Romingers. Wir fanden das toll und sagten zuhause natürlich nie, dass wir zu Romingers spielen gingen.»

<u>UK</u> «Mir gefiel, dass sie dort eine Küche hatten, hinten rechts, nach dem dunklen Korridor. Wenn Frau Rominger Nusstorte machte, assen wir ihr den Teig weg.»

<u>MD</u> «Wir waren auch oft bei der Familie Nunzi in Sils Baselgia. Und nach der sechsten Klasse besuchte ich mit Susi Fümm in St. Moritz das Theodosia, eine von Ingenbohler Schwestern geführte Sekundarschule. Wir fuhren jeden Morgen und Abend mit dem Postauto hin und zurück. Danach war ich zwei Jahre in Fribourg in einem Internat, wenn auch nicht gerne. Die anschliessende Hotelfachschule in Zürich gefiel mir dann viel besser. Wieder zurück in Sils, lernte ich meinen Mann kennen, der im ‹Waldhaus› ein Büropraktikum machte. Nachdem ich drei Monate in Florenz war, arbeiteten wir zusammen während eines Jahres in London, danach in Genf und in Interlaken, wo unser Sohn zur Welt kam.»

<u>UK</u> «Was auffällt: Fast alle meiner ehemaligen Mitschüler sind nach Sils zurückgekommen oder hiergeblieben. Für ein Dorf ist das eigentlich ungewöhnlich. Es

zeigt, dass die wirtschaftliche Basis gut ist. Die Generation unserer Eltern musste noch viel machen, um hier ein Auskommen zu finden. Uns ist es eigentlich auch so gegangen, nur hat man das von aussen nicht so gesehen: Auf weite Jahre hinaus konnte man kaum einen Nagel einschlagen, weil kein Geld da war. Privat blieb fast nichts übrig. Als meine Schwester Claudia einmal hörte, wie jemand von Ferien am Meer erzählte, und sie unsere Mama fragte, ob wir auch mal hinfahren, antwortete sie: ‹Ja, du, wir haben keine Zeit.›»

MD «Sie wollte nicht sagen: kein Geld. Wir hatten wirklich wenig. Wir mussten Kleider nachtragen bis zum Gehtnichtmehr, Ski nachbrauchen. Als Kind hat man das aber nicht empfunden. Unsere Eltern sagten nie, sie hätten kein Geld. Gegen aussen waren sie immer optimistisch.»

UK «Es ist ja auch ein Zeichen, dass wir hier sind. Denn wir haben Gleichaltrige aus anderen Hotels in unserer Familie, die alles machen, nur nicht in einem Hotel arbeiten. Wir sind nicht mit dem Gefühl aufgewachsen, ein Hotel zu führen sei hoffnungslos. Das ist eine Kunst. Meine Schwester und mein Schwager haben das nochmals fertiggebracht: Die meisten ihrer Kinder arbeiten heute im Tourismus.»

MD «Für meine Kinder waren meine Eltern ein grosses Vorbild. Wir assen jeden Tag mit ihnen zusammen. Als das zweite Kind zur Welt kam, hatten wir nur ein Zimmer. Claudio, der Ältere, durfte dann zu meinen Eltern ins Zimmer. Er wohnte zwei Jahre lang dort. Als dann die Zwillinge kamen, zogen wir in eine andere Ecke, und nebenan, in einem ganz kleinen Zimmer, waren die Zwillinge. Die beiden Grossen kamen ins Zimmer, in dem wir vorher waren. Wenn etwas in der Nacht los war, schauten meine Eltern. Papa erklärte Claudio immer sehr viel, auch als er noch ganz klein war. 1977, als wir von Interlaken zurückkamen, kaufte er zum ersten Mal ein Privatauto. Obwohl Claudio kaum zwei Jahre alt war, nahm er ihn mit, um das Auto auszusuchen.»

Drei Tage später, am Gründonnerstag, treffe ich Urs Kienberger ein weiteres Mal. Am grossen Esstisch der Familie, an dem auch ein Kindersitz steht, führt er das Gespräch über sein Verhältnis zu Sils fort. Während seine Schwester mit ihrem Mann in einer Wohnung gleich neben dem Hotel lebt, wohnt er zusammen mit seiner Frau im Dorf. Schon den ganzen Morgen fällt ein nasser Schnee, der den Lärchenwald vor dem Haus in märchenhaftes Weiss kleidet. Für ihn könne es nie genug Schnee geben, meint der Hotelier. Über Ostern füllt sich das «Waldhaus» für die Wintersaison ein letztes Mal, heute und morgen reisen viele Gäste an. In diesen Tagen erlebt das Haus aber auch das Ende einer Epoche: Felix Dietrich reicht den Stab an seine beiden Söhne Claudio und Patrick weiter, die für die praktische Leitung zuständig sein werden. Weiter wirken wird er nach wie vor. Laut Urs Kienberger «statt hundertfünfzig nur noch hundert Prozent».

<u>UK</u> «Meine Eltern hatten bis 1985 nur ein Zimmer für sich alleine. Es gab aber eine Stube, unten neben der Garderobe, angeschrieben mit ‹Privé›. Zwischen Büro und Halle war sie strategisch ein idealer Ort. Am Abend sassen wir immer dort und hörten Radio oder Telefonrundspruch. Mein Vater trank vielleicht ein Bier und las. Tante Helen und Mama sassen in einer Ecke. Papa fragte rituell: ‹Was nehmt ihr heute?› Worauf Tante Helen rituell antwortete: ‹Ich nehme das Gleiche wie Rita.› Meine Eltern waren auf diese Weise präsent und konnten sich

dennoch zurückziehen. Manchmal war das aber auch nicht einfach. Gerade in finanziell schwierigen Zeiten, wenn man sehr bemüht war, alle Gäste aufzunehmen. Wenn Zustellbetten fehlten, gaben wir zuerst die eigenen Betten und in einem weiteren Schritt auch die Zimmer auf. Wir schliefen dann alle zusammen auf Matratzen in einem Zimmer.»

Die Vorstellung, die «Waldhaus-Kinder» seien in einer ganz anderen Welt aufgewachsen als die anderen Silser Kinder, täuscht also.
UK «Ja, wobei, eine gewisse Barriere bleibt wahrscheinlich trotzdem.»

Trug die Glaubensrichtung dazu bei? Sils ist mehrheitlich reformiert, Ihre Familie ist katholisch.
UK «Ich denke, in der Generation meiner Eltern gab es schon Vorurteile und Misstrauen. In meiner Zeit war es mehr kurios: Wir fanden, wir hätten weniger Verpflichtungen, in die Kirche zu gehen. Die anderen fanden, wir hätten einen Pfarrer, der lustigere Geschichten erzähle. Am Sonntag gingen wir meistens nicht in die katholische Kirche, sondern in die Hauskapelle. Wir hatten meistens einen Hausgeistlichen, der hier günstig Ferien machte und regelmässig eine Messe hielt. Das ist heute noch so: Gerade heute kommt ein Jesuitenpater aus Deutschland.»

Wenn Sie an das heutige Sils denken: Was hat sich am meisten verändert?
UK «Es gibt generelle und spezifische Veränderungen. Zum einen ist Sils stark gewachsen: Als ich ein Kind war, hatte Sils 300 Einwohner, heute sind es 750. *Chalandamarz*, Bälle, Skiclub, mehrere Einkaufsläden, vier Post-

stellen: Das Dorfleben war früher sicher intensiver. Natürlich auch mangels Alternativen. Hätte man damals gerne so gelebt wie heute? Oder würden wir heute gerne so leben wie damals? Ich weiss es nicht. Sicher war die soziale Kontrolle sehr viel stärker. Wenn jemand nicht hineingepasst hat, hatte er es viel schwerer. Der Hauptunterschied zu früher ist aber ein wirtschaftlicher. Als ich aufwuchs, gab es für die Häuser in Sils nicht viele Alternativen. Nun ist die Nachfrage nach Zweitwohnungen in den letzten Jahren unglaublich gestiegen. Diese Entwicklung ist eher gefährlich. Der Graben zwischen denen, die Häuser haben, und denen, die keine haben, ist noch grösser geworden. Die Versuchung wächst, das eigene Haus oder Geschäft für mehrere Millionen zu verkaufen. Es gibt Häuser, die für zehn oder fünfzehn Millionen verkauft wurden. So viel Geld hat ja sonst niemand aus dem eigenen Verdienst.»

Was hat diese Entwicklung in Bewegung gebracht?
UK «Eine Mehrheit der Bewohner versuchte das Bauen immer wieder unter Kontrolle zu behalten. Mit Aus- und Umzonungen, Kontingenten und Zweitwohnungsanteilen. Das ist nicht selbstverständlich, denn im Engadin hat die Mehrheit der Bevölkerung beruflich mit dem Bauen zu tun, nicht mit dem Tourismus. Die Silser gaben immer wieder dieselben Antworten: In den Sechzigerjahren definierten sie das Fex als Ruhezone. In Grevasalvas hätten Tausende von Häuschen und Skianlagen entstehen sollen. Im Dorf war die ganze Ebene bis in die Sechzigerjahre noch Bauzone. In den Siebzigerjahren wurde ein grosser Teil ausgezont. Auch in jüngerer Zeit: Rund um Furtschellas hätte ein ganzes neues Quartier entstehen sollen, Cuncas. Gebaut wurde dann in Dorfnähe und sechsmal weniger.»

Kamen die Anregungen zum Schutz der Landschaft von aussen?
UK «Auch, aber nicht nur. Am meisten Unterstützung von aussen gab es in den Siebzigerjahren, weil man die Bevölkerung mit Millionen entschädigen musste.»

Was haben Phantasiepreise zur Folge?
UK «Es verschwindet zum Beispiel eine Bäckerei. Aber auch das Konfliktpotential innerhalb einer Familie wird gross: Der eine hat eine Wiese, der andere Kassenobligationen und der Dritte ein Millionenobjekt. Man bekommt einen anderen Massstab für Erfolg. Man ist mit einem normalen Leben nicht mehr so schnell zufrieden. Aber ich bin ein aussenstehender Betrachter. Im Hotel sind wir uns des Themas bewusst: Auch wir bekommen immer wieder Angebote, das Ganze für x Millionen zu verkaufen. Wir könnten sagen: Ja gut, dann haben wir danach das Leben eines Privatiers. Zentral ist: Wenn es uns und den Familienmitgliedern, die nicht selber hier mitwirken, weiterhin gelingt, das Hotel als spannend zu empfinden, geht es.»

Sie haben das Glück, eine neue Generation in Sicht zu haben. Andere Silser, in erster Linie die Besitzer der Pensiun Chastè, haben keine familiären Nachfolger.
UK «Ich weiss nicht, was wir selbst sagen würden, wenn wir jetzt keine Kinder und Grosskinder hätten. Godlys fehlt es sicher nicht an Anfragen. Ich kann mir jedoch vorstellen, dass ihr Misstrauen gross ist. Oft hat es seine Berechtigung. Ein Kollege unserer Eltern hat sein Hotel in Arosa mit Umsicht verkauft, und ein Jahr später verkaufte es der neue Besitzer. Die Geschichte des ‹Miramargna› in Sils ist ähnlich. Aber dieses blosse Verharren im gegenwärtigen Zustand zerstört ein Haus natürlich

aus sich selber. Ein Rezept habe ich nicht. Und wenn man dann älter wird, fällt einem die Entscheidung noch schwerer.»

Haben Sie engere Beziehungen in Sils?
UK «Eigentlich nicht. Aber das liegt an mir. Ich habe vieles zurückgesteckt. Ich lese gerne und schaue, was läuft. Meine Schwester und mein Schwager sind im Dorf viel mehr integriert. Ich bin ein wenig wie jemand, der ein Buch schreibt, dem das Schreiben am wichtigsten ist. Das ‹Waldhaus› ist mein Buch.»

Die Autorin

Daniela Kuhn, geboren 1969, seit 1996 Journalistin, u.a. Redaktorin beim «Tages-Anzeiger». Seit 2005 selbständige Tätigkeit für verschiedene Printmedien. Daneben PR-Arbeit für gemeinnützige Organisationen und Moderation von Erzählcafés. Daniela Kuhn lebt und arbeitet in Zürich. www.danielakuhn.ch

Der Fotograf

Meinrad Schade, geboren 1968, Fotograf in den Bereichen Porträt, Reportage und Langzeitprojekte; Buch- und Ausstellungsprojekte; Dozent an Hochschulen. Lebt und arbeitet in Zürich. Meinrad Schade gewann 2011 den Swiss Photo Award sowie den Fotopreis der «SonntagsZeitung» in der Kategorie «Redaktionelle Fotografie».